W0084706

Gärtnern leicht und richtig

Martina Eva Richter

Steingärten

BLV

Die Deutsche Bibliothek –
CIP-Einheitsaufnahme

Steingärten / Martina Eva Richter. –
München; Wien; Zürich: BLV, 1994
   (Gärtnern leicht und richtig)
   ISBN 3-405-14557-0
NE: Richter, Martina Eva

Bildnachweis:
Morell: 2 r, 4/5, 19, 39, 63 u, 83 r, 84 l,
   85, 94
Reinhard: 8, 10/11, 12, 26, 36/37, 40/41,
   44, 45, 53, 55 r, 55 l, 57, 58, 59, 61 u,
   63 o, 66/67, 70/71, 75 o, 75 u, 76 l,
   76 r, 77 r, 78 o, 78 u, 79 u, 80 l, 80 o,
   80 u, 82, 83 l, 86, 88, 88/89, 89,
   90/91, 92/93, 95, 96, 97

Sammer: 14/15, 20, 30/31, 33, 35, 38,
   54 l, 61 o, 79 o
Schmied: 42/43, 52, 60, 74 r
Seidl: 6/7, 13, 18, 53 o, 56, 58, 59 o, 62,
   74 l, 77 l, 84 r, 87 r
Stehling: 9, 16/17, 21, 27, 28/29, 32,
   54 r, 64/65
Strauß: 2 l, 2/3, 3, 24/25
Grafiken: Heidi Janiček

BLV Verlagsgesellschaft mbH
München Wien Zürich

80797 München

Umschlaggestaltung:
Studio Schübel, München

Umschlagfotos:
Vorderseite: Reinhard-Tierfoto
Rückseite: Reinhard-Tierfotos

Gedruckt auf chlorfrei gebleichtem
Papier

Layout: Anton Walter
Lektorat: Barbara Kiesewetter
Herstellung: Ernst Großkopf

Satz: ew print & medien, Würzburg
Druck: Appl, Wemding
Bindung: Auer, Donauwörth

Printed in Germany
ISBN 3-405-14557-0

Gestalten mit Pflanzen und Steinen

Seit einigen Jahren wenden sich Gartenbesitzer wieder verstärkt dem Steingarten zu. Neben dem gestalterischen Reiz und der möglichen Pflanzenvielfalt liegt der Hauptgrund sicher in den immer kleineren Grundstücksgrößen besonders in den Ballungsgebieten. Steingartenanlagen lassen sich einfach aufbauen und gut in bereits bestehende Gartenteile einfügen. Aber auch das zunehmende Interesse an schönen Stauden und Gehölzen für den eigenen Steingarten nimmt ständig zu. Während des Urlaubs im Gebirge lernt der interessierte Wanderer eine Fülle dekorativer Alpenblumen kennen. Die Harmonie der Steinlandschaft und die dort lebenden Pflanzen weckt bei vielen Gebirgswanderern den Wunsch, Alpenpflanzen im eigenen Garten zu kultivieren. Auf diese Weise ist durch einen Urlaub im Gebirge sicher schon so mancher Steingarten entstanden.

Aber nicht nur die heutigen Gartenbesitzer waren von der Pflanzenvielfalt und der Abwechslung der Gebirgslandschaft fasziniert. Die ersten Anfänge der Kultur der Gebirgspflanzen im Garten gehen auf die Klostergärten des Mittelalters zurück. Besonders im alpenländischen Raum sind noch heute solche Hinweise zu finden. In Innsbruck gründete der Botaniker Kerner von Marilaun den ersten alpinen Steingarten. Dieser Garten diente der Sichtung von Gebirgspflanzen zu Studienzwecken. Neben Botanischen Gärten und privaten Parkanlagen wurden immer mehr Steingärten auch in privaten Hausgärten nachempfunden. Häufig wurden in solchen Anlagen Gebirgsstöcke oder Berggipfel fast identisch in Kleinformat rekonstruiert. Dieses Nachempfinden natürlicher Landschaftsbilder trieb sonderliche Blüten. Man verzierte solche Landschaften mit weidenden Kühen und Schafen, Berg- und Sennhütten und Personen, die als Gipsplastiken in den Steingarten hineingestellt wurden. Steinanlagen dienten aber auch zur Umrahmung von Sitzplätzen im Garten, wo man die Pflanzen in Ruhe betrachten konnte. Besonders in England verbreiteten sich in den privaten Garten- und Parkanlagen naturnahe Steinanlagen. Aus den britischen Kolonien gelangten durch Pflanzensammler zu Beginn dieses Jahrhunderts eine große Anzahl winterharter Gebirgspflanzen und Gehölze in englische Steingärten. Durch die zunehmende Vielfalt an Gattungen und Arten entstanden in Botanischen Gärten Themenpflanzungen. Die Gebirgsflora des Hindukuschs, des Himalayagebirges, des Kaukasus, der Alpen und der Rocky Mountains waren beliebte Demonstrations-

Frühjahrsblühende Stauden in einer naturnahen Steinanlage.

objekte botanischer Einrichtungen. Im privaten Garten wurden die Pflanzen eher nach ihrem Erscheinungsbild und der Schönheit der Blüte ausgewählt. Wichtige Wegbereiter für die Kultur von Gebirgspflanzen waren Camillo Schneider, Erich Wocke und Karl Foerster. Diese drei Gärtner haben durch Veröffentlichungen von Schriften, Aufsätzen und Büchern den

Grundstein für die Steingartengestaltung bis in unsere Tage gelegt.

Der heutige Steingarten sollte immer auf das Gesamtbild des Gartens bezogen sein. Steine und Pflanzen werden so abgestimmt, daß sie als Landschaft im Gesamtbild eines Gartens zur Geltung kommen und kein künstliches Gebilde darstellen. Darum sollte der Standort vor

der Gestaltung gewissenhaft ausgewählt werden. Hier lohnt sich ein Blick über den Zaun in die Nachbarschaft. Findet man in angrenzenden Gärten Steinanlagen, sollte man immer darauf achten, ob Steine und Pflanzen eine Einheit bilden. Der Steingartengestalter muß die Lebensbedingungen der Pflanze gut kennen und sich darüber im klaren sein, daß er nicht jede Pflanze mit jedem Stein kombinieren kann. In der Regel kann man die Pflanzen in Lebensbereiche einteilen, die auch im Steingarten nachvollziehbar sind. Lichtbedürftigkeit in Verbindung mit der Bodentemperatur ist ein wichtiges Kriterium bei der Auswahl der Pflanzen. Daher muß zunächst geklärt werden, ob der künftige Steingarten im sonnigen oder eher im schattigen Bereich liegt. Die chemische Bodenreaktion spielt ebenfalls eine wichtige Rolle. Benötigen die vorgesehenen Arten kalkhaltige, basische Böden oder lieben sie eher einen humosen, sauren Boden? Die Gesteinsart, die im Steingarten verwendet werden soll, beeinflußt die chemische Bodenreaktion wesentlich. Kalkhaltige Schichtsteine wie Plattenkalke, Sandsteine oder Zechsteine haben eine basische Reaktion, umliegender Boden wird basisch. Granite, Gneise und Schiefer haben eine saure Reaktion und die umgebenden Böden werden sauer. So wird die Auswahl der Pflanzen neben der geographischen Lage auch vom pH-Wert der zu verwen-

Üppiges Wachstum in den Fugen eines natürlichen Steingartens.

denden Gesteinsarten beeinflußt.

Der Begriff des Steingartens ist weit gespannt. Eine Staudenrabatte oder ein Sommerblumenbeet mit Kieselsteinen oder gesammelten Feldsteinen belegt, ergibt noch lange keinen Steingarten. Auch die Aufschichtung und der Einbau verschiedener Gesteinsarten in Verbindung mit Gehölzen, Stauden und bunten Einjahresblumen ist noch lange nicht als Steingarten anzuschauen, auch wenn das manche Pflanzenfreunde häufig glauben. Steingärten stellen eine übergreifende Verbindung aus Standortwahl, Gestaltung, Steinauswahl sowie Stauden und Gehölzen dar. Solche Flächen haben eine dekorative Wirkung im Gesamtbild des Gartens rund um das Jahr. Reine Steingartenanlagen sind hervorragend mit anderen Gartenthemen kombinierbar. In einem Heidegarten läßt sich ein Steingarten ebenso dekorativ integrieren wie an den Rand eines Gartenteiches.

Trockenrasenlandschaften können in alpine Steingärten übergehen, Steinanlagen können sumpfige Feuchtwiesen ordnen und zu gepflanzten Moorstandorten überleiten. Steingärten werden häufig in Form von

Böschungsbegrünungen angelegt. Trockenmauern sorgen für die notwendige Abstützung von Hangflächen und fügen sich ansprechend in das Steingartenbild ein. Solche Trockenmauersteinschichtungen verbinden die befestigende Eigenschaft der Mauer mit dem optischen Reiz für die Landschaft. Aber nicht nur geneigte Hanglagen im Garten sind ideale Steingartenstandorte. Das Repertoire der Grundfläche beginnt schon im Vorgarten und findet im Hauseingangsbereich einen ersten Gestaltungshöhepunkt. Aber auch Hinterhöfe und schattige Gartenecken können zu Steingartenflächen gestaltet werden. Der Standort sollte so gewählt sein, daß möglichst viele Gartenbenutzer ohne große Mühe das abwechslungsreiche Farb- und Formenspiel der Pflanzen betrachten können. Aus diesem Grund findet man Steinanlagen überwiegend in der Nähe von Sitzflächen, wie Terrassenabpflanzungen oder Balkonbegrenzungen.

Von solchen Standorten kann mit Ruhe und Muse Pflanze und Landschaft auf den Betrachter einwirken. Man hüte sich aber vor allzu großer Toleranz gegenüber der möglichen Standortauswahl. Steinanlagen neben Gemüsebeeten oder gar als Mittelpunkt eines Nutzgartens wirken mehr als kitschig. Wer keinen freien Gartenplatz mehr zur Verfügung hat und sich trotzdem mit Steingartenpflanzen befassen will, muß darauf trotzdem nicht verzichten. Tröge,

Kübel, Schalen und andere Gefäße lassen sich hervorragend zu Miniatursteingärten aufbauen und gestalten. Auch Balkonkästen kommen für eine solche Gestaltung in Frage. Mit abgemagertem Substrat, ein paar Dekorationssteinen, einigen Kleingehölzen und Stauden können selbst auf dem Balkon, auf der Terrasse oder im Hauseingangsbereich dekorative und eindrucksvolle Pflanzungen entstehen. Selbst Flachdachflächen, wie sie bei Müllboxunterständen, Gartenhäusern und Fertiggaragen anzutreffen sind, können zu Steingärten gestaltet werden. Solche Flächen sind

Sonderstandorte und es bedarf einer genauen Vorplanung, damit sich die Mühe lohnt und diese Form der Dachbegrünung auch funktioniert. Bei kritischer Betrachtung des Garten- und Wohnumfeldes wird man feststellen, daß mit ein wenig Phantasie in den meisten Fällen noch ein Platz vorhanden ist, an dem man Steinanlagen planen und bauen kann.

Architektonische Steinanlage mit artenreicher Vegetation.

Die Standortwahl

Steinanlagen kann man theoretisch in jeden Garten einfügen. Bei der Standortwahl müssen aber verschiedene Kriterien berücksichtigt werden. Bereits zu Anfang wurde erwähnt, daß sich ein Steingarten leichter in eine neu zu gestaltende Gartenanlage einfügen läßt als in einen vorhandenen Garten. Da Steinanlagen zu den dekorativen Gestaltungselementen des Gartens gehören, sollte man sie wirklich nicht verstecken, sondern ihnen einen bevorzugten Platz einräumen. Besonders der Vorgarten als Visitenkarte des Hauses ist ein exzellenter Steingartenstandort. Egal, ob vollsonnig oder schattig, dekorative Steine, zu einer Landschaft modelliert, vermitteln ein einladendes Bild. Allerdings sollte man darauf achten, daß unerwünschte Besucher, wie Hunde, die Anlage nicht erreichen können. Ein Zaun schafft hier Abhilfe. Störend kann auch ein großer Laubbaum oder Blütenbaum sein. Durch den Fall der Blütenblätter im Frühjahr und Sommer und durch den herbstlichen Laubfall kann übermäßig viel organisches Material in den Steingarten gelangen. Unter hohem Fallaub ersticken viele Staudenpolster. Außerdem wird die Aktivität von Bodenlebewesen wie Regenwürmern übermäßig angeregt. Der Oberboden wird gelockert und frisch gepflanzte Wurzelballen der Stauden werden dadurch vom Untergrund losgelöst. Trockenschäden und winterliches Erfrieren sind die Folge übermäßiger Bodenlebewesentätigkeit. Kleine Laub- und Nadelgehölze, Hecken und Blütensträucher sind zur Einfriedung und Begrenzung von Steinanlagen dagegen durchaus geeignet. Wichtig ist, daß die Anlage gut erreichbar und begehbar ist. Direkt neben dem Vorgartenhauptweg oder im Eingangsbereich wirken Steine sehr dekorativ und fungieren häufig als Begrüßungssteine oder steinerne Wächter. Im Hausgartenbereich finden wir Steinanlagen häufig in der Nähe der leicht geneigten Terrassenflächen oder Freisitzanlagen. Von diesen Sitz- und Ruheplätzen aus kann man die Anlage gut betrachten. Meist sind solche Standorte über einen längeren Zeitraum des Tages besonnt. Aber auch an Sitzplätzen, die durch Zäune und Mauern ständig beschattet sind, kann man Steinanlagen gestalten. In Verbindung mit Blattschmuckstauden alpiner Bereiche und der Moospatina der Steine, können im Laufe der Zeit sehr dekorative Gartenbilder entstehen. Besonders,

wenn die befestigte Fläche des schattigen Sitzplatzes aus dem gleichen Steinbelag wie der Steingarten gefertigt wurde, kann die Gesamtanlage durchaus einen vorbildlichen Gesamtcharakter für die ganze Garten-

Wildnishafte Kalksteinmauer mit sehr naturnaher Pflanzendecke.

anlage bilden. Steingärten können auch eine gelungene Begrenzung einer Rasenkante sein, die im Hintergrund von einem dekorativen Staudenbeet eingerahmt wird. Aber auch angrenzend an Heidegärten und Steppenheideflächen finden Steingärten ideale Standorte. Dabei sollte der Steingarten immer der Blickfang sein und deutlich aus der Anlage herausragen. Gut gelungen wirkt ein Steingarten auch als Hintergrund für eine Wasserfläche in einem Biotopstandort. Hier kann man ausgezeichnet naturnahe Lebensräume auf kleinem Raum miteinander verbinden. Natürliche Landschaften vermitteln hier wertvolle Anregungen.

Wirkungsvolle Steinlandschaft mit sehr natürlich gestaltetem Wasserlauf.

Viele Tierarten finden auch schon auf kleineren Flächen von 20–40 m^2 durchaus einen dauerhaften Lebensraum. Ebenfalls perfekte Harmonie schafft die alpine Steinanlage als Begrenzung eines Trockenrasens mit heimischen Erdorchideen. Bringt man noch Gliederungshilfen in Form von Trockenmauern ein, finden sich schnell nützliche Erdhummeln und Bienen ein. Diese Insektenarten helfen im Nutzgarten bei der Bestäubung der Blüten. Wird der Garten von mehreren Familienmitgliedern genutzt, sollte die Planung und der Zweck der Anlage immer eng

miteinander abgestimmt werden. Besondere Rücksicht muß bei der Standortwahl auf Kinder genommen werden. Auf keinen Fall ist es ratsam und sinnvoll, dekorative Steingärten im Nachbar- oder Einzugsbereich von Sandspielkästen oder Spielfreiflächen zu gestalten. Schnell entstehen »Fahrstraßen« für Sandfahrzeuge, und Burgen werden gebaut. Kinder kann man am ehesten an das Thema heranführen, wenn man ihnen einige kleine Steine für den Sandkasten zur Verfügung stellt. Mit diesen Steinen können sie dann nach ihrer Phantasie eigene Landschaften bauen und nutzen. Oft sind aber auch Jahre später die nicht mehr benutzten Sandbuddelkisten Ausgangspunkt für Steinanlagen in bereits gewachsenen Gartenräumen.

Auch sonst können kleine Steinanlagen ganz zufällig entstehen: Alte und langsam vermodernde Stämme gefällter Bäume in Rasenflächen werden beim Mähen lästig und einfach mit Steinen umrandet. Aus solchen Steinumrandungen können Steingärten mitten im Rasenbereich entstehen. Stilfehler sollte man aber auch hier vermeiden. Betonputten, Vasen und andere Figuren gehören nicht in einen Steingarten. Dagegen kann ein Steinfuß aus Kalkstein oder Sandstein als Sockel für schöne Assecoires wie Terrakotten oder andere Steinplastiken durchaus anspruchsvoll und zierend sein. Zur Abgrenzung von Nutzflächen und Nutzgartenbereichen wie Gemüsegärten sollten Steinanlagen allerdings nicht herhalten. In Anlehnung an Kräutergärten oder Kräuterspiralen sind Steinthemen dagegen passend und sicher auch wirkungsvoll. Damit ist die Möglichkeit der Standortsuche für Steingärten aber noch lange nicht beendet.
Wenn kein nutzbarer Gartenraum zur Verfügung steht, kann man alpine Steinanlagen auch auf Flachdächern gestalten. Besonders als extensive Begrünung von Flachdachgaragen, Müllboxen und Gartenhausdächern sind Steingärten geeignet. Die Tragfähigkeit eines Daches entscheidet aber letztendlich, ob eine solche Gestaltung möglich ist. Gewichte von 80–225 kg/m^2 müssen schon kalkuliert werden, um neben

der Funktionalität auch ein dekoratives Bild zu gewährleisten. Bei Neubaumaßnahmen sollten Dachbegrünungen bereits in die Statik geeigneter Dächer eingeplant werden. Architekten und Dacheindeckungsbetriebe beraten über die Möglichkeit nachträglicher Dachbegrünungen. Keinesfalls sollte aus dem Stehgreif auf eigene Faust gehandelt werden. Durch unsachgemäße Aufbringung und Verteilung von Lasten können schwere Schäden entstehen, die nur unter großem

Kostenaufwand wieder beseitigt werden können.

Bei richtigen Liebhabern und Sammlern von alpinen Gehölzen und Stauden ohne eigene Gartenfläche muß oft jede verfügbare Freifläche für das Hobby Steingartenpflanzen herhalten. Egal, ob Podest am Hauseingang, Treppenaufgänge oder Fenstersimse: jeder Standort wird optimal genutzt.

Flächenhafter Steingarten im Vorgartenbereich eines Wohnhauses.

Auch auf Balkonen finden sich Möglichkeiten der Gestaltung von Miniatursteingärten. Balkonkästen aus Holz, Plastik, Eternit oder frosthartem Terrakotta können mit viel Phantasie zu ansprechenden kleinen Steingärten gestaltet werden. Nicht selten sind aus solchen Kleinlandschaften in Schalen und Trögen ganze Steingartenpflanzensammlungen entstanden.

Erden und Substrate für den Steingarten

Alle Steingartensubstrate sollten locker und gut wasserdurchlässig sein. Überschüssiges Erdreich, das bei der Untergrundgestaltung der Anlage angefallen ist, bildet die Grundlage für alle Erdmischungen im Steingarten. Mit einer Hacke und dem Grabspaten werden die verklumpten Erdbrocken gelockert und der zu mischende Haufen wird flächig ausgebreitet. Bei der Wahl der Zuschlagstoffe unterscheidet man nach deren physiologischen Reaktion, man stellt also fest, ob sie basische oder eher saure Reaktion aufweisen.

Kalkhaltige, alkalische Mineralien für Pflanzungen, die auf Kalkgehalt im Boden angewiesen sind, sind in erster Linie Kalksteingrus der Korngröße 0–8 mm. Dieser Kalkgrus ist kostengünstig und gut verfügbar. Als Ersatzstoffe eignen sich auch Grusarten aus dem gleichen Material wie die verwendeten Lagersteine. Solches Material steht häufig zur Verfügung. Beziehen kann man diese Materialien am ehesten in Baustoffhandlungen. Man erhält sie lose oder in Säcke abgepackt. Wenn Lagersteingrus nicht verfügbar ist, kann man auf alkalische Kiese und Sande ausweichen. Auch Bimskies ist geeignet, doch leider ist dieser nur selten am Markt verfügbar.

Unkrautfreier, abgelagerter Gartenkompost oder kompostierte Rasenerde werden abschließend eingemischt. Anstelle von Kompost kann auch Einheitserde verwendet werden. Einheitserde ist ein gärtnerisches Substrat, das aus einer Mischung von Weißtorf, Schwarztorf und Ton besteht. Am gebräuchlichsten sind die Einheitserden Typ P – für Pikiererde oder Typ T – für Topferde. T-Erde hat einen höheren Mineralsalzgehalt, der düngend wirkt. Eine ideale Grundmischung für Steingartenerden mit einem pH-Wert zwischen 6,5 und 8 stellt folgende Mischung dar: drei Teile Gartenerde, zwei Teile Kalksplitt oder Bimskies und ein Teil Einheitserde. Das Substrat liegt hier im neutralen bis leicht alkalischen Bereich, der pH-Wert kann durch Zumischung von kohlensaurem Kalk ($CaCO_3$) noch zusätzlich leicht erhöht werden. Steingartensubstrate für saure Standorte werden mit anderen Bestandteilen aufgebaut. Gute Ergebnisse liefert hier folgende Mischung: zwei Teile Garten-

erde, zwei Teile Torf oder Rindenkompost, ein Teil Quarzsand und ein Teil Nadelkompost. Physiologisch saure Nadelkomposte stellt man durch Kompostierung von Lärchen-, Fichten-, Tannen- und Kiefernadeln her. Hin und wieder bieten Zierpflanzengärtnereien noch solche

Substrate für Steingärten können sich aus verschiedenen Materialien zusammensetzen.

Mischungen an (Azaleen- und Moorbeeterde). Quarzsand erhält man beim Baustoffhändler. Ideal erscheint Quarzkies oder Quarzsand, wie ihn die Pflasterer zwischen Natursteinfugen einkehren. Der pH-Wert einer solchen Mischung liegt zwischen 4,5–5,5. Die Substrate werden in der Schubkarre miteinander gemischt, für Anlagen ab 20 m^2 Grundfläche lohnt sich bereits die Verwendung einer Betonmischmaschine. Neben den oben genannten Beischlagstoffen bietet der Markt noch eine Reihe mineralischer Beischlagstoffe an, die zur Herstellung von Steingartensubstraten trefflich geeignet sind.

Blähschiefer: Herstellung durch Erhitzung von Schiefermaterialien. Wird oft in der Bauindustrie verwendet. Strukturverbesserer, sorgt für gute Belüftung des Bodens.

Blähton: Herstellung durch Aufblähung von Tonmineralien bei 1200 °C Hitze. Die Oberfläche ist fast vollständig versiegelt, daher nur geringe Wasseraufnahme. Füllsubstrat von Hydrokulturen. Gebrochenes Blähtonmaterial hat ähnliche Eigenschaften wie Blähschiefer.

Lava: Durch vulkanische Aktivitäten entstanden, ähnlich wie Bimskies. Offenporige Struktur, gewisse Wasserspeicherfähigkeit. Am Markt werden zwei Formen angeboten: Lavadur von Basaltrückständen befreite Lavaschlacke, geringes Eigengewicht. Lavapor, offenporige Leichtlava mit hoher Wasserspeicherfähigkeit und guter Druckbelastbarkeit.

Gesteinsmehl: Schwere ton- und sandige Ur-Gesteinsmehle, Abfallprodukte der Natursteingewinnung, wird in letzter Zeit verstärkt als Bodenpflegemittel eingesetzt. Guter Spurennährstofflieferant. Gesteinsmehl zeichnet sich als Gefügebildner zwischen organischen und mineralischen Bodenbestandteilen aus.

Urgesteinsmehl: Fein zerriebenes Material, das beim Abbau von meist sauren Urgesteinen anfällt. Wichtiger Kieselsäurelieferant, fördert die Pflanzengesundheit.

Die Auswahl der Steine – eine kleine Gesteinskunde

Naturstein erfährt zur Zeit eine wahre Renaissance. Bereits stillgelegte Steinbrüche werden wieder in Betrieb genommen, um die große Nachfrage nach dem Werkstoff Stein zu befriedigen.

Bei der Auswahl der Steine für den Steingarten sollte man sich immer zuerst nach Gesteinsmaterial umsehen, das in unmittelbarer Nähe des Wohnortes zur Verfügung steht. Nutzen sie ihren Sonntagsspaziergang zur Erkundung der näheren Landschaft. Orientieren sollte man sich unbedingt auch an dem Gesteinsmaterial, das im Nachbargarten verwendet wurde. Es wirkt mehr als exotisch, wenn in einem Muschelkalkgebiet grelle Farbtöne von Buntsandstein verwendet werden. Bei der Steinbeschaffung sind Naturstein-Hersteller und Betreiber von Steinbrüchen behilflich. Die Adresse von Steinhandlungen entnimmt man den Gelben Seiten des Telefonbuches. Neben gewerblichen Steinhandlungen kann man häufig auch auf Lagerplätzen von Tiefbauunternehmen und Abbruchbetrieben geeignete Steinvorkommen finden.

Besonders Abbruchmaterial von alten Mauern, Brücken und Fundamenten liefern für Steinanlagen geeignetes Material. Solche Steine aus zweiter Hand sind oft kostengünstiger als bruchfrischer Stein. Ein Preisvergleich ist lohnend und sinnvoll. Nachdem man nun den gewünschten Stein gefunden hat, stellt sich ein weiteres Problem. Wie bekommt man die erstandenen Steine auf das Grundstück? Am sinnvollsten ist der Antransport durch das Unternehmen, das den Stein verkauft hat. Bei Steinen mit Gewichten über 250 kg pro Stück ist ein Eigentransport auch wenig sinnvoll. Fachfirmen des Garten- und Landschaftsbaus übernehmen auch den Einbau schwerer Steine in der Anlage. Der Einbau wird meist im Stundenlohn abgerechnet. Preispauschalen sind in der Regel günstiger. Auch die Adressen der Garten- und Landschaftsbaubetriebe, die solche Dienste anbieten, entnimmt man den Gelben Seiten. Hierbei lohnt ebenfalls ein Preisvergleich mehrerer Anbieter.

Gelungene Höhenaufteilung durch eine geschichtete Sichtmauer aus Sandstein.

Geeignete Steinarten zum Bau von Steingärten

Streng wissenschaftlich werden die auf der Erde vorkommenden Gesteinsarten nach ihrer Entstehung in drei Gruppen eingeteilt.

Durch die Tätigkeit der Vulkane seit Beginn der Verfestigung der Erdoberfläche bis in die Jetztzeit wurden Erstarrungsgesteine (Magmatite) gebildet. Wichtige Vertreter dieser Gruppe sind Basalte (feinkristalline) oder Granite (grobkristalline). Basalt entsteht am Rand der Vulkane durch abkühlende Lava, Lavaschlacke und Magma. Er weist durch seine feinkristalline Erscheinungsform keine Strukturen auf, erscheint vielmehr wie aus einem Guß. Die Grundfarbe liegt zwischen schwarz und blau. Durch Gaseinwirkungen können auch graue Farbtöne auftreten. Zu dieser Gruppe werden noch Diabas und Melaphyr gezählt. Granit erkaltete relativ langsam in den Schloten (Röhren) der Vulkane, er verfestigt sich also im Erdinneren unter enorm hohem Druck. Granite haben ein grobkristallines Erscheinungsbild. Je nach Erstarrungszeitraum und Standort zeigen Granite daher unterschiedliche Farbformen. Das Spektrum reicht von grau über gelb bis rot. Granite sind meist zweifarbig, helle und dunkle Kristalle stehen dicht gedrängt zusammen.

Die Gruppe von Ganggesteinen ist mit den Erstarrungsgesteinen eng verwandt. Der wichtigste Vertreter dieser Gruppe ist der Porphyr. Porphyr zeichnet sich durch eine feinkristalline Grundstruktur aus, in die größere Kristalle eingelagert (eingesprenkelt) sind. Daher reicht die Grundfarbe dieses Gesteins von grauschwarz bis dunkelrot.

Durch die Ablagerung verschiedener Stoffe und Teilchen entstanden die Ablagerungsgesteine (Sedimentgesteine). Die Hauptvertreter dieser Gesteinsart sind Kalksteingruppen und Sandsteine. Durch physikalische, chemische und biologische Verwitterung der Hartgesteine wurden die ersten Sedimentgesteine aufgebaut. Typische Verwitterungssedimente sind die verschiedenen Erden und deren Zustandsformen (Ton, Sand, Schluff und Lehm). Durch höheren Druck verdichteten sich andere Sedimente stärker und bildeten die Gruppen der Kalk- und Sandsteine. Kalksteine wurden durch die Kalkgerüste abgestorbener Wasserbewohner der Meere der Urzeit gebildet. Noch heute findet man in verschiedenen Schichten von Kalksteinen Abdrücke und Schalen von Kalkgehäusen. Muscheln, Kopffüßler und Schnecken bil-

Mächtige Kalksteinblöcke vermitteln ein Bild von Größe und Schönheit im Steingarten.

den so auch heute noch ein eindrucksvolles Bild als Fossilien aus der Vorzeit. Im Wasser sanken die Schwebeteile auf den Grund und setzten sich ab. Durch die Sedimentierung ist dann Schicht für Schicht aufgebaut worden. Diese Steinschichtungen dienen zur wissenschaftlichen Altersbestimmung der Entstehung des Lebens auf der Erde. Geologen können in den Aufschlüssen der Gesteine »lesen wie in einem Buch«. Sandstein entstand durch die Sedimentierung von Quarzkörnern verschiedener Größe. Bei Sandsteingruppen mit großer Härte sind die Quarzkörner durch Kieselsäure miteinander eng verbunden. Weichere Sandsteine sind mit lehmigen oder tonigen Sedimenten verbunden. Das Farbspektrum ist ungewöhnlich breit gestreut. Sandsteinfarben reichen von schwarz über braun, rot, gelb, ocker, grün bis reinweiß. Für den Steingarten eignet sich besonders Bunt-, Keuper- und Kreidesandstein. Sie sind in unterschiedlichen Epochen entstanden und weit verbreitet. Aber auch die verschiedenen Kalksteingruppen wurden in unterschiedlichen Epochen der Erdentstehung ausgebildet und zeigen ein weites Verbreitungsgebiet. Hauptbestandteile der Kalksteine sind neben den Fossilien auch sandige und tonige Sedimente, die durch kohlensauren Kalk ($CaCO_3$) miteinander verbunden sind. Muschelkalke, aus fossilreichem Meereskalkschlamm gebildet, kommen

Dunkle Hartgesteine beleben natürliche Steinschichtungen und schaffen wildnishafte Bilder.

in vielen Gebieten Deutschlands vor. Kalktuff ist ein weicher und durchlässiger Kalkstein, der auch heute noch in kalkhaltigen Gebirgen durch die Kalkauswaschung mit Hilfe des Wassers gelöst und an anderen Stellen wieder angelagert wird. Solche Kalkquellen findet man häufiger im Alpenvorland und auf der Schwäbischen Alb. Diese jungen Tuffsteine und ihre Vorkommen sind unbedingt schützenswert. Für Steinanlagen sollte man ältere, schon abgebaute Tuffsteine verwenden. Die Färbung der Kalktuffe schwankt zwischen hellgelben und knochenweißen Farbschattierungen. Da sie sehr porös sind, vermoosen Tuffe sehr schnell.

Die dritte Gruppe sind die Umwandlungsgesteine (Metamorphite). Sie entstanden durch physikalische Kräfte, nämlich große Druckeinwirkung bei hoher Temperatur aus Erstarrungs- und Ablagerungsgesteinen. Der Hauptvertreter dieser Gruppe sind kristalline Schiefer. Als Gneise und Quarzite treten diese Arten durch hohe Druckeinwirkung meist schiefrig auf. In Plattenformen sind solche Schiefer ebenfalls weit verbreitet. In einigen Landschaften Deutschlands werden dunkelblaue oder schwarze Schieferplatten zur Dacheindeckung oder Fassadenverkleidung verwendet. Schieferplatten werden gerne zur Schichtung kleinerer Trockenmauern und als Trittsteine in der Anlage genutzt.

Tuffsteinbrocken haben meist natürliche Vertiefungen, die wirkungsvoll bepflanzt werden können.

Der Praktiker teilt die hier vorgestellten Gruppen nach ihrer Dichte und Bearbeitungsfähigkeit in zwei Gruppen ein. Erstarrungsgesteine und Umwandlungsgesteine werden wegen ihrer großen Dichte und dem hohen Kraftaufwand bei der Bearbeitung als sogenannte Hartgesteine bezeichnet. Die Ablagerungsgesteine werden wegen ihrer meist geringen Dichte und weniger kraftaufwendigen Bearbeitung Weichgesteine genannt. Doch in beiden Gruppen gibt es sicher auch immer Ausnahmen. Letztlich entscheidet die richtige Arbeit am Stein und gutes Werkzeug über Erfolg und Mißerfolg.

Bevor man sich näher mit der Spaltung, Behauung und Abrichtung des Steins beschäftigt, sollte man getrost einen Fachmann – einen Steinmetz oder einen Steinbildhauer – in seiner Werkstatt konsultieren. Über die Schulter schauen und sich einige Tricks abgucken, ist immer der richtige Weg zum Erlernen der Grundbegriffe. Hin und wieder bieten Volkshochschulen auch Kurse für künstlerische Steinbearbeitung (Bildhauerei) an. In solchen Kursen kann auch der Steingartenfreund viel über den für ihn so wichtigen Werkstoff »Stein« lernen.

Hartgestein

Basalt: Festigkeit: sehr hart, hohe Dichte. Schwer zu bearbeiten, meist Lagerstein oder Trittstein, häufig Blöcke mit unregelmäßiger Kantenbildung.

Farbe: schwarz, dunkelblau, grünlich, rötlich häufiger auch Mischfarben. Vorkommen: Vogelsberg, Nordhessen, Rhön, Westerwald, Eifel, Ardennen.
Basaltlava: Festigkeit: feinporig, porös, zertrümmert leicht. Leichter zu bearbeiten als Basalt, runde und ovale Grundformen, solitäre Lagersteine. Farbe: blaugrau, schwarz und hellgrau. Vorkommen: Nordhessen, Rhön, Thüringer Wald, Eifel.
Basalttuff: Festigkeit: grobporig, hoch porös, sehr leicht. Kann geschliffen und gesägt werden, wesentlich leichter als Basalt, flächige Grundformen, solitäre Block- und Lagersteine. Farbe: blaugrau bis dunkelbraun. Vorkommen: Eifel, Ardennen, Rhön, Vogelsberg, Nordhessen, Teutoburger Wald.
Granit: Festigkeit: grobes Kristallgitter von enormer Härte. Kann gebohrt und gesägt werden, runde Formen und Blockformen. Hervorragende Trittsteine und Lagersteine. Farbe: hellgrau-blau, gelbgrau, hellgrau-rötlich bis rot. Vorkommen: Harz, Schwarzwald, Vogesen, Oberpfälzer Wald, Fichtelgebirge, Bayerischer Wald, Odenwald.

Kristalliner Schiefer (Gneis): Festigkeit: noch dichter als Granit, Neigung zum Brechen wie bei Glas. Kann gespalten werden. Zur Herstellung von Schichtmauern und als Bodenbelag, unregelmäßige Plattenform. Farbe: hell- bis dunkelgrau, rötlich. Vorkommen: Schweiz, besonders Tessin,

Oberitalien, vor allem Südtirol und Trento, westlicher Alpenraum.

Schiefer: Festigkeit: weniger dicht als Gneis, leicht spaltbar. Wird getrennt und aufgespalten, dann gesägt und gebohrt, flächige Plattenform, Lagerstein und Wegebelag. Farbe: schwarz, dunkelblau. Vorkommen: Eifel, Hunsrück, Westerwald, Rheinisches Schiefergebirge.

Porphyr: Festigkeit: sehr hart, erinnert an Granit, kann gesägt und gebohrt werden, unregelmäßige Plattenformen, ideales Schichtsteinmaterial als Bodenbelag für vieleckige oder gleichmäßige Bodenbeläge. Farbe: rötlich, gelblich, grüngrau bis hellgrau. Vorkommen: Alpenraum, Tirol, Südtirol, Trento, Ostalpen, Schwarzwald, Fichtelgebirge, Odenwald.

Weichgestein

Mainsandstein: Festigkeit: sehr hart, gut spaltbar. Kann gesägt und gebohrt werden. Gleichmäßige Blockformen für Lagersteine und Stufen sind verwendbar. Farbe: rot bis grau. Vorkommen: Spessart, Bayerische Rhön.

Grauwacke: Festigkeit: sehr hart. Kann gesägt und gespalten werden. Unregelmäßige ovale Grundformen, auch kantige Blöcke treten auf. Schichtstein und dekorativer Lagerstein. Farbe: graubraun bis hellgrau und rötlich. Vorkommen: Westerwald, Eggegebirge, Nordhessen, Südharz, nördlicher Taunus.

Wesersandstein: Festigkeit: sehr hart, kann leicht gespalten und gesägt werden. Unregelmäßige vielkantige Blockformen und runde Grundformen treten auf. Schichtstein und ansprechender Lagerstein, auch Bodenbelag und Stufensteine. Farbe: rot, hellrot bis gräulich. Vorkommen: Weserbergland, Solling, Eggegebirge, Reinhardswald, nördlicher Thüringer Wald.

Kirchheimer Muschelkalk: Festigkeit: hart, stark porös, schneidbar und gut zu bearbeiten. Es treten plattige und vielkantige Quader auf, guter Schichtstein und dekorativer Lagerstein. Farbe: hellgrau, weißgrau mit hellbraunen Einsprenkelungen. Vorkommen: Franken, Fränkische Alb.

Travertin: Festigkeit: größere Härte bei Kieselsäureversiegelung, unversiegelte Steine sind stark porös. Gute Bearbeitungsfähigkeit, kann geschnitten, gespalten und gebohrt werden. Es treten unregelmäßige Quader mit festen Kanten oder abgerundeten Seiten auf. Hervorragender Lagerstein, Mauerstein und Bodenbelag. Unversiegelte Travertine zeigen oft eine Moospatina und erinnern an Kalktuff. Farbe: gelbbraun bis grau. Vorkommen: Kalkberge um Stuttgart.

Eine architektonische Trockenmauer aus Schiefer wirkt ordentlich und streng geometrisch.

Einige Hinweise zur richtigen Steinsetzung

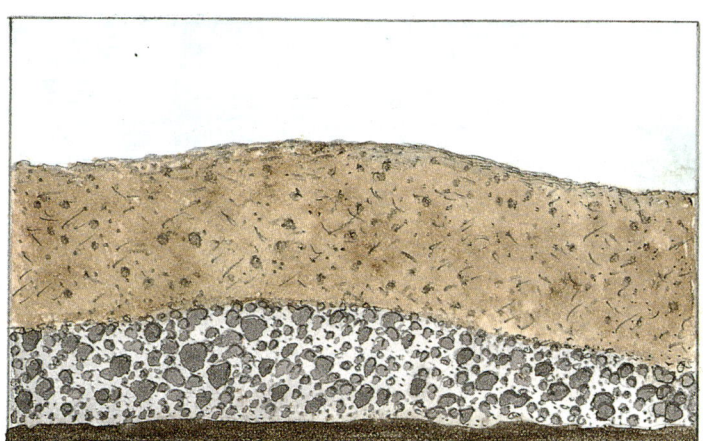

Durch die Vertiefung im Kern der Steinanlage werden Mulden und flache Vertiefungen für die großen Lagersteine vorgeformt. Nun muß man sich entscheiden, ob man die großen Steine von einem Betrieb des Garten- und Landschaftsbaus mit geeigneten Gerätschaften in die Anlage einbauen läßt, oder ob man den Einbau der Steine selber vornimmt. Vor Beginn der Steinsetzung sollte man einige Skizzen anfertigen, um den günstigsten Transport des Steins durch die Anlage festzulegen. Wichtig ist auch, daß sämtliche zur Verfügung stehenden Steine in unmittelbarer Nähe zum Steingarten lagern. Starke Helfer sollten für den Steintransport und die Steinsetzung in ausreichender Menge zur Verfügung stehen. Zum Transport und zur Steinsetzung sollte nach Möglichkeit eine Schönwetterphase ausgewählt werden. Nichts ist unangenehmer und gefährlicher, als schwere, große Steine bei Nässe durch Schlamm und Morast zu bewegen.

Nachdem nun mit Hilfe einer Rund- oder Flachschaufel eine genügend große Lagerstelle in den Kern modelliert wurde, kann der Steintransport beginnen. Der vorgesehene Stein wird betrachtet und mit geeigneten Werkzeugen und Transportmitteln, wie einem stabilen Schubkarren, einer Sackkarre und dem Tragriemen, aus seiner Lage bewegt und an seinen vorgesehenen Standort transportiert. Dabei steht die Sicherheit aller am Transport Beteiligten an erster Stelle: Ausrutschen, Stolpern oder gar ein Sturz müssen mit Sicherheit ausgeschlossen werden können. Herumliegendes Werkzeug wie Rechen, Spaten und andere Stolpergegenstände werden großräumig entfernt. Es sollten immer genügend Holzbohlen vorhanden sein, die auch bei höherer Bodenfeuchtigkeit sicher begangen werden können. Stärkere Baumpfähle, Rundhölzer und runde Eisenstangen stehen ebenfalls zum Einsatz in genügender Menge zur Verfügung. Grundsätzlich trägt man bei der Arbeit mit schweren Steinen Sicherheitshandschuhe, lange Arbeitshosen und Arbeitsschuhe oder Stiefel mit Stahlkappe. Nun wird der vorgesehene Stein bewegt und an seinen ausgewählten

Lagerplatz transportiert. Der korrekte Einbau erfolgt immer in eine Richtung. Man beginnt am Fuß der Anlage und arbeitet sich langsam nach oben vor. Dabei muß unbedingt vermieden werden, daß noch einzubauende Steine mehrmals über schon in Ruhe liegende Steine transportiert werden, bereits lagernde Steine können dadurch wieder aus ihrem Bett losgelöst werden. Ein nochmaliger Einbau gestaltet sich in der Regel schwierig und ist mit hohem Kraftaufwand verbunden.

Eine fachgerechte Verfüllung der einzelnen Schichten ermöglicht den Einbau größerer Steine.

Rechts: Fachgerechte Anordnung unterschiedlicher Steingrößen.

22

Sollen größere Steine zerlegt werden, sollte man auch dabei einige Sicherheitsmaßnahmen beherzigen. Durch Spaltwerkzeug wie Meißel und Fäustel und mit einem leistungsstarken Boschhammer lassen sich diese Steine halbieren oder gar dritteln. Damit der Stein bei der Bearbeitung aber nicht unkontrolliert in viele Kleinstücke zerplatzt, muß er in einem Sandbett auf ebener Unterlage aufliegen. Die Sandschicht sollte mindestens 5 cm mächtig sein, um Stöße auf die Steinsubstanz abzufedern. Außerdem sollte der Arbeitsplatz mit Klarsichtfolie umhangen werden, damit keine Steinsplitter umherfliegen und Schaden anrichten können. Während der Trennarbeiten muß man eine Sicherheitsbrille und Arbeitshandschuhe tragen. Aus Sicherheitsgründen sollte man keine Trennscheiben, sogenannte »Flexmaschinen« verwenden. Solche Geräte sind sehr gefährlich und gehören nur in die Hand von Fachleuten.

»Große Steine selber bauen«

Stehen nur kleine Steingrößen zur Verfügung, mit einer Kantenlänge zwischen 10–40 cm, so kann man daraus auch Steine mit wesentlich größerer Oberfläche herstellen.
Um aus vielen kleinen Steinen größere herstellen zu können, benötigt man Klarsichtfolie, etwas Sand und Zement. Auf glatter Erdoberfläche hebt man drei bis fünf Gruben mit unterschiedlicher Tiefe, Breite und Länge aus. Hier nun einige ideale Maße: Grube 1: Tiefe 40 cm, Breite 50 cm, Länge 60 cm; Grube 2: Tiefe 60 cm, Breite 40 cm, Länge 50 cm. Grube 3: Tiefe 50 cm, Breite 70 cm, Länge 40 cm. Die Größen können noch variieren. Die ausgekofferten Gruben werden kreuzweise mit zwei Seilen ausgelegt. Darauf wird eine Klarsichtfolie dicht an das Erdreich angeschlagen und aufgelegt.

Diese mit Folie ausgekleideten Gruben werden an den Rändern vollständig mit kleinen Steinen ausgelegt, bis diese die gesamte Folienoberfläche bedecken. Der verbleibende Hohlraum zwischen den Steinen, der Kern, wird mit einer Magermischung aus fünf Teilen Sand und ein Teil Zement ausgefüllt. Die Speismischung sollte erdfeucht sein. Mit einem Stampfer wird nun die Speisung verdichtet. So gelangt sie zwischen alle Steinfugen und verbindet die Steine miteinander. Drei bis vier Tage nach dem Bau der »Großsteine« kann man sie aus der Erdform nehmen. Mit Hilfe der kreuzweise verlegten Seile hebt man das Gußwerk mitsamt der Folie aus der Erdform. Dabei sollte immer noch ein Helfer anwesend sein, der beim Heben anfaßt. Vorsichtig trennt man nun die Folie von den Betonresten ab. Der Großstein ist fertig. Mit Fäustel und Meißel werden überstehende Zementreste von der Steinoberfläche abgelöst. Dabei ist aber Vorsicht geboten, da das Material noch nicht ausgehärtet ist.
Neben Kalksteinen sind besonders Kalktuffe, Diabas, Basalttuff und Travertin zum Bau von Großsteinen geeignet. Weniger dekorativ wirken farbige Sandsteine.
Verbleibende Großfugen können mit Substrat verfüllt und anschließend mit Polsterstauden bepflanzt werden. Je mehr Gruben man als Formen anlegt, desto abwechslungsreicher ist die Gestalt der Steine.

Planung und Bau einer natürlichen Steinanlage

Ein neues Naturverständnis, auch bei Gartenbesitzern, hat das Bild des Privatgartens verändert. Durch den Aspekt des Umwelt- und Naturschutzes sind in vielen Gartenanlagen neue Lebensräume, »Biotope«, entstanden. Der Mensch schafft sich dadurch in seinem kleinen Gartenfreiraum die so sehr ersehnte Naturnähe. Ob Gartenteich, Moorbeet, Trockenrasen, Waldrandlandschaften oder Steinanlagen, überall kann der Gartengestalter diese Idee aufgreifen, planen und realisieren. Der Anspruch auf »Natürlichkeit« bedeutet in einem Steingarten in erster Linie die Auswahl roher, unbehauener Steine. Die Steine werden so in die Anlage integriert, wie sie in der freien Landschaft oder im Bruch gewachsen sind. Neben der Eigenschaft, daß die Steine unterschiedliche Größen, Gewichte und Oberflächenstrukturen haben, sind Rohlinge in der Regel preiswerter als Steine, die durch die Bearbeitung in einheitliche Formen gebracht wurden.

Bruchrauhe Steine haben meist auch ganz unterschiedliche Farbtöne zwischen der Oberfläche und Bruchfläche und dadurch wirken sie lebhafter. Ist eine natürliche Steinanlage schließlich fertig, so soll das Gesamtbild den Eindruck der Unberührtheit und Ursprünglichkeit widerspiegeln. Die Gestaltung durch den Planer und Gärtner soll kaum wahrzunehmen sein. Solch ein Anspruch setzt ein gutes Einfühlungsvermögen voraus. Eine gelungene Anlage vermittelt ein harmonisches Bild und wirkt trotzdem wild und natürlich. Dabei ist der Standort sehr variabel. Naturnahe Steingärten lassen sich in alle räumlichen Gartenordnungen einfügen. Einen gewissen

natürlichen Charakter sollte das Umfeld aber aufweisen. Als mögliche Nachbarflächen könnten Wildstaudenpflanzungen, Wegränder, Teichufer und Rasenflächen fungieren. Natürliche Anlagen lassen sich erfahrungsgemäß in Gartenneuanlagen eher einfügen als in ältere Gärten mit strenger Flächentrennung. In älteren Anlagen kann eine neugestaltete, natürliche Steinanlage aber vielleicht als Keimzelle für neue Gestaltungsgrundlagen ein erster Schritt sein. Der praktische Einbau von Steinen und Gestaltungselementen wie alte Baum-

wurzeln und dekorative Astteile ist leicht zu handhaben.

Die beste Lehrmeisterin für Harmonie zwischen Steinen und der restlichen Gartenlandschaft ist die Natur selber. Bevor man sich auf ein Gestaltungskonzept festlegt, sollte man sich in der Natur Anregungen holen. Hochgebirge, felsige Höhenlagen der Mittelgebirge oder offengelassene und wiederbegrünte Steinbrüche können jeden »sehenden« Betrachter inspirieren. Die Formation von Steingruppen kann an vielen Standorten be-

trachtet werden. Ein Skizzenblock und Malzeug oder ein Fotoapparat leisten hier gute Dienste. Nutzen Sie Ihr geistiges Auge und behalten Sie schöne Bilder in Erinnerung. Denn nur eine Steinanlage, die den Gartenbesitzer voll befriedigt, vermittelt eine große Gartenfreude. Schöne Anregungen findet man auch in Botanischen Gärten mit einer alpinen Freilandabteilung, in Schaupflanzungen von Landes- und Bundesgartenschauen, in gärtnerischen Fachbüchern und Fachzeitschrif-

ten und manchmal auch im Nachbargarten.

Alpenpflanzengärtnereien unterhalten häufig informative und ansprechende Steinanlagen. Dort lernt der interessierte Gartenfreund auch die geeigneten Pflanzen kennen. Naturnahe Anlagen sollten nach Möglichkeit auch mit Wildstauden und nicht züchterisch beeinflußten Gehölzen bepflanzt werden. Hochzuchtsorten bei Stauden mit besonders großen Blüten und großer Leuchtkraft zeigen häufig unnatürliche Wuchsbilder und wirken unter Wildarten eher als Fremdkörper.

Neben dem Gestaltungselement Stein, Holz und Pflanze wirkt Wasser in einer Anlage immer belebend. Wasser, als Bachlauf in eine Steinanlage integriert, vermittelt einen sehr naturnahen Charakter. Besonders geeignet erscheinen Wasserläufe, wenn sie in einen angrenzenden Gartenteich oder in ein Feuchtbiotop eingeleitet werden können. Daher ist bei der Vorplanung immer darauf zu achten, daß ein Wasser- und Stromanschluß in der Nähe vorhanden ist. Neben dem Antrieb einer elektrischen Umwälzpumpe, benötigt man zur Beleuchtung der Anlage am Abend Strom. Durch eine ansprechende Beleuchtung können interessante Stimmungen geschaffen wer-

Landschaftliche Steinanlage aus Kalksteinen mit dekorativer Bepflanzung.

den, die tagsüber nicht auffallen. Einfache Gartenleuchten oder Punktstrahler leisten hier gute Dienste. Bei der Plazierung der Leuchtkörper muß darauf geachtet werden, daß durch den Lichtstrahl der Betrachter und auch mögliche Nachbarn nicht geblendet werden. Die Verlegung von Elektrokabeln im Freiland für Wasserpumpe, Beleuchtung oder einfachen Stromanschluß muß allerdings unbedingt von einer Fachfirma des Elektrohandwerks ausgeführt werden. Stromunfälle mit tödlichem Ausgang können so verhindert werden.

Nachdem nun die Standortfrage und die Ausstattung der Anlage entschieden ist, beginnt die Beschaffung der notwendigen Materialien.

Bei Neubauanlagen sind Kiese, Sande und Mutterboden häufig noch vorrätig. Falls diese Materialien nicht mit Zementresten und anderen Bauabfällen verunreinigt sind, können sie zum Bau verwendet werden. Der vorgesehene Standort wird mit einem Spaten tief gelockert und mögliche Wurzelunkräuter sorgfältig entfernt. Mit Hilfe eines Rechens wird das gelockerte Erdreich verteilt und zur Mitte hin leicht erhöht. Auf diese Fläche fährt man mit Hilfe einer Schiebekarre Kies der Korngröße 32–72 mm und verteilt den Kies etwa 20–25 cm stark flächig. Wenn kein Kies vorhanden ist, kann man ersatzweise auch mit Kalkschotter, Basaltschotter oder Schottermaterial aus anderen Gesteinsarten arbeiten. Diese Schotter müssen eine Korngröße zwischen 30 und 80 mm haben. Diese mineralische Schicht erfüllt die Drainagefunktion und verhindert die für Pflanzen schädliche Staunässe. Durch unterschiedliche Kieshöhen sollte hier schon die Oberflächengestalt der späteren Steinanlage erkennbar sein. Überhöhungen und Vertiefungen bilden das markante Grundgerüst und stützen und tragen später die Gesteinsbrocken.

Mit Hilfe einer Flachschaufel wird nun der Füllboden aufgetragen. Er sollte 30–45 cm mächtig und außerdem erdfeucht sein. Nach der Verfüllung wird das Substrat unter leichtem Druck mit dem Rücken einer Flachschaufel oder eines Stampfers verdichtet. Feuchtere

Auch engste Steinfugen und Nischen bieten vielen Stauden im natürlichen Steingarten Lebensräume.

Substrate lassen sich erfahrungsgemäß besser verdichten. Daher ist es sinnvoll, die Bodenoberfläche mit einem feinen Wasserstrahl zu befeuchten. Der Verdichtungsvorgang stellt die dauerhafte Verbindung zwischen Untergrund, Drainageschicht und Füllschicht her. Ohne diese Verbindung kommt es im Laufe der Zeit zur Abrutschung der Steine durch Verschiebung des Substrats. Daher ist eine fachgerechte Verdichtung unerläßlich. Der Verdichtungsprozeß ist abgeschlossen, wenn das Füllsubstrat begangen werden kann, ohne daß die Fußabdrücke tiefer als 3 cm nachgeben und einsinken. Durch unterschiedliche Höhenanfüllungen kann in diesem Stadium noch Einfluß auf die Endhöhe genommen werden. Nun kann das vorgesehene Steinmaterial eingebaut werden. Dabei muß man Rücksicht auf die Proportion der Gesamtfläche nehmen. Bei natürlichen Steinanlagen gilt eine Faustregel: 50% der Gesamtoberfläche sollten aus Steinen bestehen, 30% der Oberfläche machen Pflanzflächen von 30–50 cm Breite zwischen einzelnen Steingruppen aus. Die restlichen 20% sollten dünne Pflanzstreifen, sogenannte Vegetationsbänder, zwischen den einzelnen Steingruppen bilden, deren Breite zwischen 5 und 10 cm liegt. Solche Bänder ziehen sich durch die gesamte Anlage und verbinden flachere Bereiche mit den erhöhten Teilen. Durch den Wechsel unterschiedlich großer

Pflanzbereiche entsteht ein landschaftlicher Aspekt. Die Verteilung der Steine in der natürlichen Anlage sollte auf den ersten Blick wie zufällig und wahllos aussehen. Erst bei längerer Betrachtung wird ein ordnendes System deutlich. In natürlichen Anlagen gruppiert man Steine zu Verbänden. Große Steine mit langer Kante bilden Mittelpunktsteine. Um diesen Mittelpunkt sollten kleinere und mittlere Steine eingebaut werden. Sanfte, runde Formen vermitteln ein ruhiges Bild. Spiralformen, wie bei einer Kräuterspirale, passen besonders für saure Gesteinsarten, wie Gneis, Basalt oder Granit. Ovale Steingruppierungen oder Größenabstufungen der Steine lassen sich ansprechend bei

Verschiedene Steinformen unterstreichen die Vielfalt der Bepflanzung und sorgen für interessante Bilder.

Sedimenten wie Sandsteinen und verschiedenen Kalken herstellen.

Auch bei der natürlichen Steinanlage sei dringend vor der Vermischung verschiedener Gesteinsarten gewarnt. Plattenkalke und Muschelkalke mit geometrischen, meist rechteckigen Grundformen lassen sich nicht mit runden Graniten und Kieselsteinen in einer Anlage harmonisch verbinden.

Planung und Bau einer architektonischen Steinanlage

Durch klare, gerade Linien der Wegeführung, der Kanten der Einfassung und der Steine ist eine architektonische Steinanlage schnell von einer naturnahen Anlage zu unterscheiden. Die Grundfläche ist in Abschnitte unterteilt, die in einer ordnenden Beziehung zur nächsten Fläche stehen. Dabei orientiert sich die Anlage meist an einem markanten Punkt. Dieser Punkt kann ein Gebäude, ein Weg oder eine Grenzlinie sein. Die in einer architektonischen Anlage verwendeten Steine unterliegen sämtlich einer einheitlichen Grundform, sie sind in irgend einer Form bearbeitet worden. Rauhe Kanten wurden geglättet und der Stein durch Bearbeitung in eine eher einheitliche Form gezwungen. Besonders in Villengärten und in Gartenanlagen von Herrenhäusern des frühen 20. Jahrhunderts war der architektonische Steingarten ein häufig verwendetes Stilmittel zur ansprechenden Gartengestaltung. Der mit Steinen erhöhte Beetbereich, das Steinbeet, oder der Senkgarten mit runder, quadratischer oder rechteckiger Formgebung waren weit verbreitet und wurden in diesen Gartenanlagen dankenswerter-weise bis in die Gegenwart erhalten. Solche Gartenanlagen sind meist weitläufig und man erkennt eine räumliche Gliederung der einzelnen Bereiche. Nutz- und Wirtschaftsgarten, Obstgarten, weitläufige Rasenflächen, Gehölz- und Staudenstandorte sind klar voneinander abgegrenzt. Einzelne Themen trennen die Bereiche zwar optisch voneinander ab, visuell entsteht aber nicht selten ein Bild von Größe und Ganzheit. Das muß kein Widerspruch sein. Bei den heutigen Grundstücksgrößen kann man eine solche Großzügigkeit in den seltensten Fällen erreichen und daher ist auch die architektonische Steinanlage nur noch selten anzutreffen. Mittelpunkt der Anlage ist in der Regel das Haus, an das die Anlage angelehnt wird. Besonders reizvoll sind Steinanlagen, in denen das Steinmaterial des Haussockels identisch ist mit dem des Steingartens.

Vor einer gleichmäßigen Mauer lassen sich wildnishafte Steingartenstauden ansiedeln.

Hier finden in den meisten Fällen Sedimentgesteine wie Sandstein und Kalksteinarten Verwendung. Aber auch Basalttuff wurde in der Vergangenheit regelmäßig verwendet. Wege und Sichtachsen trennen die architektonische Anlage von anderen Gartenteilen. Mögliche Standorte sind daher Vorgartenflächen in direkter Hausnähe, vertiefte oder erhöhte Freisitzflächen mit Blick auf den Gartenhauptweg oder Flächen neben stark frequentierten Wegen. Besonders reizvoll wirken Anlagen, in denen auch der Wegebelag aus dem gleichen Material wie das Gestein der Anlage ist. Quadratische Platten oder rechteckige Wegesteine unterstreichen diese Wirkung noch. Man hüte sich allerdings vor einer Vermischung von Stilelementen des natürlichen Steingartens mit denen architektonischer Anlagen. Behauene und geformte Steine lassen sich nur schwer mit Wurzelknorren und vermoosten Astteilen toter Gehölze kombinieren. Architektonische Steinanlagen wirken dagegen äußerst attraktiv, wenn sie mit Polsterstauden bepflanzt wurden, die flächendeckend sind oder überhängende Pflanzenvorhänge ausbilden. Solche Arten umspielen die gestalterische Strenge der architektonischen Anlage und beleben den Gesamteindruck. Die meisten in Frage kommenden Arten wünschen vollsonnige Standorte. Die Ausrichtung in südliche oder südwestliche Richtung ist sinnvoll. Strenge

Anlagen in Schattenlagen wirken aufgrund der geeigneten Pflanzenarten eher kalt und abweisend.
Neben der Standortfrage spielt auch die finanzielle Seite einer solchen Gestaltung eine nicht unbedeutende Rolle. Durch die Bearbeitung des Steinmaterials verteuert sich der Preis für die Steine um das drei- bis fünffache im Vergleich zum Steinpreis für natürliche Anlagen. Nicht selten entstehen Kosten von 250–600 DM für einen Quadratmeter Gesteinsmaterial. Bei Steinmaterial für natürliche Anlagen liegt der Quadratmeterpreis für den Stein im Durchschnitt zwischen 80 und 150 DM. Der Bau einer regelmäßigen Anlage hängt also in den meisten Fällen vom Inhalt des Portemonnaie des Bauherrn ab. Und während man naturnahe Steingruppierungen mit einiger Übung und gutem Geschick noch selber gestalten kann, setzt der Bau architektonischer Steingruppen eine große Sachkenntnis in der Verwendung gleichmäßiger Gesteine voraus. Nicht selten mißlingt der Versuch und die Anlage degradiert zu einem verunglückten Steinhaufen. Ein wesentliches Gestaltungskrite-

rium ist die Verwendung unterschiedlich großer Steine zu einem ordnenden Bild. Kleine Stützmauern rahmen die Fläche und teilen sie in Abschnitte ein. Das verbindende Band ist ein Plattenweg oder ein befestigter Gehweg durch die Anlage. Der Aufbau der Anlage ist identisch mit dem der natürlichen Steingruppierung. Strom- und Wasseranschlüsse sollten vorhanden sein. Werden mehrere Steinschichten übereinander geschichtet, entsteht ein großer Druck auf den Untergrund. An solchen Stellen kann mit Hilfe

In Sitzplatznähe können auch kleine Flächen wirkungsvoll zu Steinanlagen gestaltet werden.

erdfeuchten Magerbetons eine Fundamentierung angedeutet werden. Hinter den einzelnen Steinen können zusätzlich Schotter hinterfüllt werden. Neben der großen Stabilität sorgt der Schotter für eine schnellere Wasserableitung, verhindert Staunässe und winterliche Frostschäden am Steinlager. Die Pflanzfläche wird mit einem einheitlichen Substrat verfüllt, das schon bei der natürlichen Anlage beschrieben wurde. Die Größe der einzelnen Pflanzflächen ist abhängig von der Grundfläche der Gesamt-

anlage. Eine Faustregel besagt, daß etwa 40% stützende und aufliegende Steinfläche vorhanden sein soll. Freiflächen zwischen diesen Steingruppierungen sollten 50% der Gesamtgrundfläche ausfüllen. Die restlichen 10% können durch dekorative Steinanordnungen wie Platten in strenger Sequenz die Oberfläche der Anlage abdecken. Hier haben sich begehbare Platten bewährt, die eine Dicke von mehr als 6 cm aufweisen und 20–40 cm Kantenlänge haben. Solche Plattenanordnungen können hervorragend als

Pflegepfade genutzt werden. Die Höhen der Anlage werden durch Steinverbände geordnet und gestützt. Es ist sinnvoll, je 50 cm Höhenunterschied eine einfassende Stützung von mindestens 10–15 cm anzulegen. Das bedeutet, daß bei der Überhöhung einer Anlage vom Punkt 0 cm bis 150 cm mindestens vier Steinbänder als Einfassung dienen sollten. Die erste Einfassung bildet die Kantensteinsetzung am Punkt 0–10 cm. Solche Steineinfassungen sind besonders bei angrenzenden Wegen mit wassergebundener Decke oder bei Rasenflächen notwendig. Sie verhindern ein Abschwemmen des Vegetationssubstrats von der Fläche. Die nächste Steineinfassung erfolgt zwischen 40 und 60 cm. Die dritte Einfassung ordnet die Fläche bei 90–100 cm Höhe und die letzte Bänderung sollte bei 130–140 cm Höhe erfolgen. So ist gewährleistet, daß die Anlage innere Stabilität aufweist und nicht weggeschwemmt werden kann. Zwischen den einzelnen Steinbändern werden Fugen freigelassen, die später mit Polsterstauden ausgefüllt werden. Die Pflanzenwurzeln sorgen durch die Verbindung zu hinterliegenden Erdschichten für eine zusätzliche Befestigung des Steinbandes. Bei architektonischen Anlagen sind solche Steineinfassungen streng geschlossen, im Gegensatz zu natürlichen Anlagen, wo Bänder aus Gesteinen durchaus unterbrochen sind.

Planung und Bau einer Trockenmauer

Trockenmauern kennen wir aus vielen Landschaften. Im Gebirge zwischen beweideten Almen wurden die Geröllsteine in jedem Frühjahr zu neuen Trockenmauern aufgeschichtet. In Weingärten stützen sie den Hang ab. Trockenmauern werden ohne Betonmörtel zusammengesetzt und geschichtet. Als Stützmauer erfüllt sie auch im Steingarten eine wichtige Funktion. In der Regel wird die Trockenmauer einem bereits bestehenden Erdhügel vorgebaut. Die vorgesehene Höhe entscheidet über die Notwendigkeit einer Fundamentierung. Zwischen 10–50 cm Höhe ist in den meisten Fällen kein Fundament erforderlich.

Durchgehende Trockenmauern ab einer Höhe von mehr als 50 cm sollten mit einem Bandfundament befestigt werden. Die Auswahl der Steine entscheidet über das eigentliche Erscheinungsbild der Trockenmauer. In der Regel trifft man bei der architektonischen Trockenmauer auf sauber behauene Schichtsteine. Hier eignen sich Sandsteine, Kalksteine, Basalt, Diabas und Porphyr. Fertig behauene Steine für Trockenmauern werden häufig in Baumärkten angeboten. Das fachgerechte Verarbeiten mit Spaltmeißel und Spalthammer ist jedoch schwierig und sehr arbeitsintensiv. Das Steinmaterial der Trockenmauer muß mit dem verwendeten Gestein im Steingarten übereinstimmen. In den letzten Jahren verwendeten die Gartenarchitekten häufig auch rundes Gesteinsmaterial zur Schichtung von Mauern. Solche runden Granite, Gneise oder Kiesel rahmen die sogenannten »Friesenwälle« ein, und sind so auch eine Gestaltungsrichtung für Stützmauern. In der Regel werden für solche Walltrockenmauern größere, runde Einzelsteine verwendet. Nicht selten weisen sie eine Kantenlänge von 70–140 cm auf. Die traditionelle Trockenmauer wird aber aus Schichtsteinen aufgebaut. Diese Schichtsteine haben in der Regel eine rechteckige Grundform. Gut verwendbare Kantenlängen liegen bei 25–50 cm. Die Höhe des Schichtsteins kann 5–20 cm betragen. Die Breite schwankt zwischen 10–20 cm. Sollten Steine größere Ausmaße haben, kann man diese mit dem Spaltmeißel korrigieren. Nachdem der vorgesehene Standort für die Trockenmauer festgelegt wurde, wird das Erdreich mit einer Flachschaufel planiert. Mit Hilfe einer Richtschnur zieht man eine gerade Linie. Nun kann das Erdreich, auf dem die erste Steinschicht aufliegt, mit einem Handstampfer verdichtet werden. Die Breite dieser späteren Steinauflage, die auch Mauerfuß genannt wird, sollte

Klassische Fugenbesiedler in einer streng gestalteten, architektonischen Trockenmauer der 50er Jahre.

etwa 40% der Gesamthöhe betragen. Bei einer Mauerhöhe von 50 cm sollte der Mauerfuß also 20 cm breit sein. Die restlichen 30 cm werden zur sogenannten Mauerkrone gebildet. Nun verlegt man die einzelnen Steinreihen durchgehend. Steinschicht folgt auf Steinschicht. Auf keinen Fall dürfen einzelne Schichten im ersten Schritt übereinander geschichtet werden. Man beginnt von der rechten Seite und verlegt Reihe für Reihe nach links oder umgekehrt. Ist die erste Reihe fertiggestellt, wird die zweite aufgesetzt. Die Mauer muß immer eine Schräge zu der dahinter liegenden Erdschicht aufweisen. Aus Stabilitätsgründen sollte diese Schräge 10–20% betragen. Eine 50 cm hohe Mauer neigt sich also 5–10 cm zum dahinter liegenden Erdreich hin. Eine Richtschnur hilft beim genauen Einbau der Schrägung. Man achte darauf, daß die Fugen der einzelnen Reihen und Schichten nie kreuzförmig aneinanderstoßen. Solche Kreuzfugen schwächen nämlich die Stabilität der Trockenmauer. Bei der Schichtung sollten durch Auslassen einzelner Fugen Nischen ausgebildet werden, die mit Fugenstauden bepflanzt werden können. Dabei ist darauf zu achten, daß die Fugen mit dem Erdreich innig verbunden sind und die Pflanzen diese auch durchwurzeln können. Am ehesten erreicht man dies, wenn man mögliche Hohlräume zwischen Erdreich und Mauer hinterfüllt. Mit Hilfe eines kleinen Holzstampfers wird das Füllmaterial leicht verdichtet. Zusätzliche Stabilität verleihen sogenannte »Bindersteine«, die mit eingebaut werden. Bindersteine reichen durch ihre großen Kantenlängen weit in das dahinterliegende Erdreich und verbinden so Mauer und Erde wie ein Dübel miteinander. In jeder Reihe sollten daher solche Binder mit eingearbeitet werden. Innerhalb der einzelnen Steinreihen kann man auch Steine mit verschiedenen Höhen einbauen. Solche Wechselsteine oder »Wechsler« beleben das Bild der Mauer.

Innerhalb einer Steinschicht kann man so einreihige, zweireihige oder mehrreihige Steinschichten einfügen. Wichtig ist jedoch, daß die Hauptfuge immer im rechten Winkel ausgerichtet ist. Die Mauerkrone sollte aus möglichst gleichmäßigen, größeren Steinen gearbeitet werden. Diese größeren Steine machen die Mauerkrone sehr belastbar.

Wunderschöne Schichtsteinmauer aus Kalksteinen mit ansprechender Vegetation.

Tips zum Pflanzenkauf

Das Sortiment der Gärtnereien ist fast unerschöpflich. Einige Betriebe bieten Zusammenstellungen z.B. für Anfänger an, die die Qual der Wahl etwas leichter machen. Da gibt es Sortimente für sonnige Anlagen, größere Grundflächen und kleinere Flächen. Auch Schattensortimente und Sortimente für Kleinstanlagen, Schalen und Tröge bereichern das Angebot. Wenn man Pflanzen über den Versand bestellt, sollte man die Bestellung möglichst zeitig in Auftrag geben. Häufig sind wertvolle Kleinarten schon nach kurzer Zeit vergriffen.

Besonders reizvoll und spannend ist es jedoch, die vorgesehenen Pflanzen selbst in der Gärtnerei auszusuchen. Viele Betriebe wünschen Voranmeldung, um sich dann in Ruhe der Beratung des Kunden widmen zu können. Bei der Auswahl der Stauden und Gehölze sollte man auf folgende Punkte achten:

1. Sind die Pflanzen gesund? Man untersucht die Pflanzen nach eventuellem Krankheits- und Schädlingsbefall.

2. Sind die Pflanzen ausgereift? Schon an der Grundgröße der Pflanze kann man erkennen, ob es sich um eine Jungpflanze handelt, oder ob die Pflanze ausgereift ist. Hier sollte man immer die ältere und gut durchwurzelte Pflanze wählen, auch wenn diese einen höheren Preis hat.

3. Sind die Pflanzen frei von Wurzelunkräutern? Durch Betrachtung der Topfoberfläche, kann das geübte Auge lästige »Mitbewohner« erkennen. Eine abschließende Sicherheit bietet nur das Austopfen des Topfballens – das ist allerdings nirgends gerne gesehen.

Nachdem diese Prüfungen abgeschlossen wurden, kann man die Stauden und Gehölze ruhig erwerben. Jeder Topf sollte dabei mit einem Etikett versehen werden, damit Verwechslungen bei der Pflanzung verhindert werden.

Der Flächenbedarf der einzelnen Gattungen und Arten ist sehr unterschiedlich. Starkwüchsige Polsterstauden benötigen eine Pflanzdichte von 3–5 Pflanzen pro Quadratmeter, z.B. Gänsekresse (*Arabis*), Blaukissen (*Aubrieta*) und Hornkraut (*Cerastium*). Schwachwüchsige Stauden haben einen Standortbedarf von 8–15 Pflanzen pro Quadratmeter, z.B. Mannsschild (*Androsace*), Grasnelke (*Armeria*) oder Primeln (*Primula*). Kleinwüchsige und zwergwüchsige Gattungen und Arten können mit über 20–35 Pflanzen pro Quadratmeter gepflanzt werden. Hierzu gehören viele Mannsschildarten (*Androsace*), Hungerblümchen (*Draba*) und Steinbreche (*Saxifraga*). Bei den Gehölzen spielt die Wuchsform die entscheidende Rolle. Sie werden bei eindrucksvollem und bizarrem Wuchs einzeln gepflanzt. Gehölze mit gleichem Habitus und geringerem Wachstum sollten in kleinere Gruppen von 3–5 Pflanzen angesiedelt werden.

Fachbetriebe bieten eine große Auswahl an Pflanzen und optimale Qualität.

Richtig pflanzen

Nachdem alle Stauden und Gehölze an ihre vorgesehenen Standorte plaziert wurden, kann mit der eigentlichen Pflanzarbeit begonnen werden. Vor dem Pflanzvorgang werden die Topfballen auf Schädlinge wie Wurzelläuse oder Wurzelälchen kontrolliert. Falls Befall festgestellt wird, sollte der Wurzelballen über einen Eimer mit einem spitzen Holz oder Messer von den sichtbaren Schädlingen befreit werden. Vorsorglich taucht man die behandelten Ballen in ein Wasserbad mit einer 0,1%igen Spruzit-Lösung ein. Der Tauchvorgang ist abgeschlossen, wenn keine Luftbläschen mehr aufsteigen und der Ballen gesättigt ist. Bei dieser Arbeit muß unbedingt mit wasserundurchlässigen Schutzhandschuhen gearbeitet werden, um eine Gesundheitsgefährdung auszuschließen. Vorhandene Einjahresunkräuter und Moose, die auf der Oberfläche des Topfballens siedeln, werden ebenso sorgfältig entfernt, wie vorhandene Rhizome von Unkräutern oder Gehölzsämlingen. Häufig findet man in Wurzelballen von Stauden und Gehölzen neben Brunnenlebermoosen und Springkrautsämlingen auch Gehölzsämlinge von Weiden, Birken und Erlen. Werden diese Sämlinge übersehen, entwickeln sie sich recht schnell in der

frisch gepflanzten Anlage und unterdrücken die eigentliche Staude oder das vorgesehene Zwerggehölz. Gut durchwurzelte Ballen sind ein wichtiges Kriterium für eine erfolgreiche Ansiedelung. Solche Arten wachsen nur unter besonderer Pflege und intensiver Betreuung an.
Bevor nun die Pflanzen an die vorgesehenen Standorte gesetzt werden, sollten die Wurzeln ein intensives Bad erhalten, bis der gesamte Ballen gesättigt ist. Das gilt nicht für die Pflanzen, deren Ballen mit Pflanzenschutzmittel behandelt wurden. Trockenschäden können durch das Tauchbad schon vor der Pflanzung verhindert werden. Zuerst werden die Gehölze mit Hilfe eines Pflanzspatens gesetzt. Das ausgehobene Pflanzloch kann noch zusätzlich mit Wasser gefüllt werden.
Stark verwurzelte und verfilzte Gehölzballen sollten mit einer kleinen Kralle oder einer Pflanzschaufel aufgerauht werden.

Vorsichtig einsetzen, andrücken und angießen – dann ist dafür gesorgt, daß die Pflanzen gut anwachsen.

Durch Andrücken von Hand oder leichtes Festtreten mit dem Fuß oder einem Stampfer wird der Ballen fest mit dem Untergrund verbunden, nun wird er intensiv angegossen. Stauden und Zwiebeln werden mit der Handschaufel gepflanzt und fest angedrückt. Anschließend wird die Neupflanzung intensiv angegossen. Alle Stauden und Gehölze werden mit einem Etikett versehen, das den korrekten Gattungs-, Art- und Sortennamen tragen sollte. Abschließend wird eine Mulchschicht aus Bimskies oder Grus der verwendeten Gesteinsart 2–3 cm mächtig zwischen den Pflanzen verfüllt. Wenn die Etiketten aus ästhetischen Gründen stören, können diese in gleicher Richtung neben den Pflanzen im Substrat versenkt werden.

Pflegemaßnahmen rund um das Jahr

Ohne jeden Zweifel gehört der Steingarten zu jenen Gartenbereichen, denen der Pfleger mehr Aufmerksamkeit und Pflege entgegen bringen muß. Nachdem die Gestaltung der Anlage beendet wurde, beginnt der Zeitraum intensiver Beobachtung. Treiben Rhizomunkräuter durch oder nicht? Die meisten Arten (Giersch und Distel) zeigen bei schlechter Vorbereitung schon häufig in den drei bis sechs Wochen nach der Fertigstellung frische Triebe. Bleiben diese Arten aus, so kann man mit Zuversicht hoffen, daß diese Arten erfolgreich bekämpft worden sind. Anders ist es bei Zaunwinde und Schachtelhalm. Dort kann ein Neutrieb oft nach ein bis zwei Jahren nach Fertigstellung der Anlage auftreten und den Neubefall der gesamten Fläche signalisieren. Hier hilft meist nur eine generelle Abtragung und intensive Bekämpfung. Beim zweiten Anlauf arbeitet man erfahrungsgemäß noch sorgfältiger – es lohnt sich wirklich. Sollten keine Rhizomarten auftreten, jätet man lediglich keimende Einjahresunkräuter aus. Diese keimen trotz Mulchschicht hin und wieder und können, wenn sie nicht rechtzeitig entfernt werden, zu lästigen Mitbewohnern werden. Da der Wachstumszyklus bei einjähri-

gen Arten schon früher als bei den meisten Stauden beginnt, haben sie einen Vorsprung und können Staudenpflanzungen überwuchern. Besonders lästig in der Steinanlage hat sich das Bewimperte Springkraut *(Cardamine hirsutum)* und die Vogelmiere *(Stellaria)* erwiesen. Diese beiden Arten haben zwar nur einen kurzen Wachstumszyklus und vermehren sich rasch. Die Samenreife geht schnell vonstatten. Der Samen wird beim Springkraut noch durch einen Schleudermechanismus bis zu einem Meter weit verbreitet. In der letzten Zeit ist durch verunreinigte Torfmischungen noch ein gefährliches Rhizomunkraut weit verbreitet worden, die Kleinblättrige Brunnenkresse *(Nasturtium microphyllum)*. Diese Art entwickelt ein dicht unter der Bodenoberfläche wucherndes, weißfarbiges Rhizomgeflecht, die Pflanze zeigt gelbe Blüten. Hier muß mit rigoroser Genauigkeit jedes Rhizom bis zur Wurzelspitze entfernt werden. Die gleiche Aufmerksamkeit trifft auch den Kleinen Sauerampfer *(Rumex acetosella)*. Beide Gattungen

besiedeln mit Vorliebe lockere Frischpflanzungen, in sonnigen wie auch in schattigen Lagen. In schattigen Steinanlagen, in denen Erdorchideen und seltene Kleinstauden leben, sollten dagegen nur die oberirdischen Teile der Einjahresunkräuter entfernt werden, da die Wurzeln wichtige Lockerungsaufgaben des Substrats übernehmen. Durch die Entfernung der grünen Teile sterben auch die Wurzeln schon nach kurzer Zeit ab. Rhizomunkräuter werden aber auch an solchen Standorten rigoros entfernt.

Nur bei guter Pflege kann sich ein Steingarten zu einem solchen Schmuckstück entwickeln.

Neben der sorgfältigen Unkraut-bekämpfung gehört das gezielte und intensive Bewässern der Anlage in Trockenzeiten zur wichtigsten Aufgabe. Ist die Anlage im Herbst bepflanzt worden, so sollten die empfindlicheren Gattungen der Gehölze und Stauden mit Beginn zusammenhängender Frostperioden mit Fichten-, Tannen oder Kiefernreisig locker bedeckt werden. Neben einem direkten Kälteschutz stellt die Reisigabdeckung auch einen Schutz vor den Strahlen der Wintersonne dar. Nicht selten vertrocknen

viele Gehölz- und Staudenarten im Winterhalbjahr, weil die oberirdischen, grünen Teile auftauen und Stoffwechselvorgänge einleiten, die Wurzel aber das nötige Wasser nicht zur Verfügung stellen kann. Die Zellen platzen und die Pflanze vertrocknet. Sollten Tauphasen über einen längeren Zeitraum auftreten (2–4 Wochen), kann in diesem Zeitraum die Abdeckung vollständig entfernt werden. Einige Steingartenfreunde decken ihre Anlage von Ende November bis Mitte März, je nach Lage der Anlage, mit

Regelmäßige Temperatur- und Wetterbeobachtungen lohnen sich. Halten Sie bei Frostwarnung immer genügend Abdeckmaterial bereit! So können Pflanzenverluste vermieden werden.

einem luft- und lichtdurchlässigen Glasfaservlies ab. Solche Vliese verwenden Gemüsegärtner zur Verfrühung von Gemüse. Gartenbaubedarfshandlungen und Gartencenter bieten diese Schutzvliese an. Besonders geeignet erscheinen Vliese mit einem Quadratmetergewicht von 400–600 g. Durch Abdecksteine wird das Vlies an den Rändern befestigt, damit es nicht abwehen kann. Von Zeit zu Zeit sollte das Vlies entfernt werden, um die Pflanzen auf Mäusefraß zu kontrollieren. Treten Mäuse auf, sollte mit Giftködern der Bestand dezimiert werden. Gerade unter Schneeabdeckungen können Mäuse im Steingarten große Fraßschäden verursachen. Nachdem im Frühjahr der letzte Schnee geschmolzen ist, beginnt man mit dem Frühjahrsputz der Anlage. Restliche Laubblätter, die noch vom Herbst in der Anlage verblieben sind, werden zusammen mit abgestorbenen Pflanzenteilen sorgfältig entfernt. Trockene Pflan-

Strohmatten sind ein wirksamer Winterschutz.

zenteile, Äste und Samenstände werden mit einer Schere tief zurückgeschnitten. Rindenverletzungen an Zweigen und Ästen werden mit einem Wundverschlußmittel behandelt. Hier haben sich besonders Bayleton und Lac Balsam bewährt, weil diese Materialien gut decken und farblich neutral wirken. Samenstände dagegen läßt man stehen, sie wirken im Rauhreif dekorativ und vermitteln auch im Winter schöne, natürliche Steingartenbilder. Außerdem haben auch Samenstände eine Schutzeigenschaft für Mitbewohner in der Anlage: in den hohlen Halmen finden viele Nützlinge einen sicheren Überwinterungsort. Um pilzliche und später auch bakterielle Erkrankungen der Stauden auszuschließen, entfernt man faulige und weiche Polsterteile vollständig und rückstandslos. Lieber etwas mehr an weichen Pflanzenteilen entfernen statt zu wenig.

Durch große Schneelast des Winters kann das Substrat teilweise stark verdichtet worden sein. Mit Hilfe eines Einzinks, oder einer Kralle können die Verdichtungen durch Lüftung des Substrats behoben werden. Bei der Substrataauflockerung sollte man besonders Rücksicht auf die noch im Boden ruhenden Knollen- und Zwiebelpflanzen nehmen. Bei der Belüftung des Substrats muß man aber sehr genau darauf achten, daß die mineralische Mulchschicht nicht so stark mit dem Unterboden vermischt wird. Durch eine so entstehende Schwächung der Mulchschicht finden auflie-

gende Unkrautsamen sonst schnell günstige Voraussetzung für eine Keimung. Häufig ist es notwendig, die Mulchschicht zu ergänzen oder ganz zu erneuern. Unleserliche Etiketten werden neu beschriftet und abgestorbene Stauden durch Neupflanzung ersetzt. Nun kann man Staudenpflanzungen auch ergänzen und Pflanzpläne überarbeiten. Ab Mitte Mai reichen oft die natürlichen Niederschläge nicht mehr aus, und man muß zusätzlich beregnen. Bei der Bewässerung von Steinanlagen haben sich Gartenregner bewährt, die auf die Fläche aufgestellt werden können. Sie beregnen einen bestimmten Radius genau. Solche Regner können für eine Grundfläche von bis zu 20 m^2 eingestellt werden. Am Markt gibt es eine Reihe guter Systeme, teilweise sogar mit Bewässerungscomputer, der über einen gewissen Zeitraum vorprogrammiert werden kann. Solche Systeme sind für die Urlaubszeit ideal, trotzdem sollte ein aufmerksamer Nachbar, Verwandter oder Freund während der Abwesenheit des Pflegers immer ein wachsames Auge auf die Anlage und den übrigen Garten haben. Im Sommerhalbjahr können Samen geerntet werden. Die Eigenaussaat verschiedener Gattungen ist interessant und häufig erfolgreich. Meist entsteht dabei ein zweites Hobby, die Pflanzenvermehrung. Gute Fachliteratur hilft auch bei diesem Vorhaben weiter.

Nicht selten entstehen so umfangreiche Jungpflanzenanzuchten. Auf diese Weise kann man mit anderen Steingartenfreunden Pflanzen und Erfahrungen austauschen.

Außerdem bieten Liebhabergesellschaften neben fachlicher Beratung oft Pflanzenbörsen und Samentauschaktionen an. Weiterhelfende Adressen finden Sie am Ende des Buches.

Ende des Sommers werden zu üppig wachsende Polsterarten reduziert, wenn durch den starken Zuwachs Nachbararten in der Entwicklung bedrängt werden. Zwiebelpflanzen mit starkem Ausbreitungsdrang werden herausgenommen und in Plastikgittertöpfe eingepflanzt. So wird vermieden, daß einige Arten auswachsen und ihr Erscheinungsbild verändern. Der äußere Eindruck ist in der Regel unbefriedigend. Im Herbst werden auch die meisten Zwiebelblumen gepflanzt. Der Standort wird neben dem Etikett noch zusätzlich mit einem dünnen Rundholz markiert. Mit Beginn der kalten Jahreszeit beginnt wieder für die neugepflanzten Arten der Abdeckzeitraum. Stauden und Gehölze, die länger als eine Vegetationsperiode in der Anlage siedeln, kommen je nach Gattung und Art auch ohne Winterschutz durch Abdeckung aus. Den besten Winterschutz stellt immer noch eine geschlossene Schneedecke dar, die auch möglichst lange anhält.

Abdeckung mit Nadelreisig schützt die Steingartenpflanzung im ersten Standjahr.

Allgemeine Hinweise zur Pflanzung

Steingartenanlagen wirken neben dem schönen und ansprechenden Steinmaterial besonders durch die Vegetation. Hauptsächlich durch den Wechsel der Jahreszeiten entstehen immer neue Bilder. In rauhen Lagen mit langen Wintern und hoher Spätfrostgefährdung der Pflanzen können jedoch nur abgehärtete Arten verwendet werden. Man achte beim Kauf von Gehölzen und Stauden auf eine gewisse Größe und Festigkeit. Kleine, weiche und junge Pflanzen für alpine Steinanlagen in rauhen Klimabereichen haben keine Chance. Solche Lagen finden wir in den Höhen der Mittelgebirge ab etwa 500 m Höhe.

Bei der Auswahl der Arten orientiert man sich in erster Linie an der Blühfreudigkeit der Gattungen und Arten. Daher ist die Beachtung der Blütezeit sehr wichtig für rauhe Klimagebiete. Es ist wenig sinnvoll, für solche Standorte Frühblüher auszuwählen, deren Blütenknospen regelmäßig erfrieren. Sinnvoll für solche Standorte sind Arten, die erst ab Mitte April mit der Blüte beginnen und die Blütenknospen durch Schutzeinrichtung vor Frost und Nässe schützen. Durch genaue Beschreibung der vorherrschenden Kleinklimasituation kann sich der Staudengärtner auf die speziellen Gegebenheiten seines Gartens einstellen und geeignete Gattungen, Sorten und Arten auswählen. Die Pflanzen für die Steinanlage wählt man sinnvollerweise immer in Fachbetrieben aus. So ist gewährleistet, daß man auch sortenechte Arten erwirbt, die mit den Beschreibungen der Wuchseigenschaften der Pflanze auch übereinstimmen. Auch bei Urlaubsreisen in die Alpen trifft man auf Alpenpflanzengärtnereien, die sich auf die Anzucht und Kultur spezialisiert haben. Eine Liste am Ende des Buches gibt Auskunft über einige Betriebe in Deutschland, Österreich und der Schweiz. Niemals sollten wildgesammelte Pflanzen in die Steinanlage eingebracht werden. Die meisten heimischen Wildpflanzen und besonders Bergblumen stehen heute unter strengem Naturschutz und dürfen dem Standort nicht entnommen werden. Zum anderen ist die Naturentnahme wenig erfolgreich. Eingewachsene Gebirgspflanzen reagieren empfindlich auf jede Wurzelstörung und sterben im Steingarten ab oder vegetieren dahin. Edelweiß, Almrausch und Enzian sollen auch noch andere Bergfreunde am Naturstandort erfreuen. Darum begnügt sich der wahre Steingartenfreund am natürlichen Standort mit der Betrachtung.

Voraussetzung für eine anspre-

Gutes Pflanzenmaterial, der richtige Standort und sorgsame Pflege garantieren, daß es im Steingarten herrlich blüht.

chende Gestaltung ist eine gute Vorplanung. Dazu gehört die Erstellung eines Pflanzplanes. Besondere Freude macht dabei das Literaturstudium und das Durchblättern von Staudenkatalogen. Neben schönblühenden Arten sollten auch Pflanzen ausgewählt werden, die weniger durch Blütenfülle als durch schöne Polster- und Rosettenformen oder Blattzeichnungen auffallen. Gerade durch die Vielzahl schöner Farben und Formen zeichnet sich ein ansprechender Steingarten aus. Natürlich können die Pflanzen durch Aussaat, Stecklinge oder Teilung der Pflanzen selbst vermehrt werden. Die Ansiedlung der Jungpflanzen erscheint meist nach einem Jahr erfolgversprechend und sinnvoll. Die Pflanzstellen von Zwiebel- und Knollenpflanzen sollten neben einem Etikett noch mit kleinen, unscheinbaren Holzstäbchen markiert werden. Nicht selten zerstört man sonst bei Nachpflanzungen die Standorte von Zwiebel- und Knollenpflanzen. Die günstigste Pflanzzeit für die meisten alpinen Stauden und Gehölze liegt im Frühjahr zwischen März und Mai, aber auch Sommer- und Herbsttermine können wahrgenommen werden, wenn durch Bewässerung für Wassernachschub gesorgt werden kann.

Grundsätzlich sollten nur gesunde und optisch einwandfreie Pflanzen in die Anlage eingebracht werden. Auf keinen Fall dürfen Arten, auch wenn sie noch so wertvoll erscheinen, in den Steingarten eingebracht werden, deren Wurzelballen mit Rhizomunkräutern durchwurzelt sind. Meist erweisen sich solche »belastete« Ballen als »Trojanische Pferde« die nach und nach die Anlage mit ihren Rhizomen durchwachsen.

41

Aufbau und Gestaltung sonniger Steingärten

Die Lage eines Steingartens ist für den fachgerechten Aufbau und die dauerhafte Gestaltung unerläßlich. Sonnenstandorte findet man im Garten an der Südostseite, wo vom frühen Morgen bis zum Vormittag die Sonne einstrahlt. Die Lichtintensität wechselt vom Frühjahr über den Sommer bis in den Herbst. Aber auch im Winterhalbjahr wird die Südostfläche von den Sonnenstrahlen erreicht.

Reine Südseitenlagen sind immer heiße und extreme Lagen, die besonders im Hochsommer in der Mittagszeit die höchste Sonneneinstrahlung aufweisen. An reinen Südlagen werden die höchsten Oberflächentemperaturen gemessen. Nur wenige Pflanzenarten haben sich an solche extreme Standorte angepaßt und finden hier einen idealen Standort. Vom frühen Nachmittag bis zum Abend werden Südwestlagen direkt vom Sonnenlicht erreicht. Sowohl Südost- als auch Südwestlagen regenerieren ihre Oberflächenfeuchtigkeit in den Nachtstunden und können in gewissem Maße den Pflanzen Wasser zur Verfügung stellen.

Sowohl Substratzusammenstellung als auch Pflanzenauswahl für Sonnenstandorte müssen also durchaus unterschiedlichen Ansprüchen genügen. Wichtig für alle sonnigen Lagen ist, daß auch nach langen Niederschlagsperioden keine Staunässe auftritt. Die meisten sonnenbedürftigen Steingartenpflanzen sterben, wenn das Wasser nicht rasch abfließen kann, an Fäulnis. Daher müssen alle sonnigen Standorte mit einer guten Drainage ausgerüstet werden – es entscheidet sich also schon beim Aufbau der Anlage, ob der Steingarten später einmal gelingen kann. Bei sonnigen Standorten sollte der Untergrund zunächst verdichtet werden. Dann hebt man im Abstand von 40 cm einen etwa 30 cm tiefen und etwa 20 cm breiten Graben aus, der etwa 2–4% Gefälle zur wasserabführenden Seite aufweist. Das Gefälle sollte immer vom Haus abgewandt sein, wenn keine Ringdrainage um das Bauwerk vorhanden ist. In den ausgekofferten Graben wird eine Kunststoffdrainleitung mit 10 cm Durchmesser verlegt. Die Drainleitung verfüllt man mit Filterkies der Korngröße 16–32 mm. Auf diese Weise wird gewährleistet, daß Sickerwasser von der Oberfläche des Steingartens schnell abfließen kann. Auf diese Drainage trägt man nun Schicht für Schicht unterschiedliche Schottergrößen auf. Besonders auf Neubaugrund-

stücken findet man oft nicht verbrauchte Kalk- oder Basaltschotter oder Kies. Die unterste Schicht sollte eine Korngröße von mindestens 32 mm aufweisen. Ein idealer Drainkern für sonnige Anlagen kann aus Schotter oder Kies mit einer Korngrößenfraktion zwischen 32 und 72 mm hergestellt werden. Unter leichtem Druck wird

Sonnige Steingartenanlage mit lichtbedürftigen Stauden großflächig bepflanzt.

mineralischen Materialien miteinander, reicht eine durchschnittliche Korngröße von 16–18 mm aber völlig aus. Mit dem Handstampfer bringt man diese Schüttung nun auf den Drainkern auf. Auch hier kann die Schichtdicke 30–50 cm betragen, sie wird anschließend leicht verdichtet. In diese Schicht werden auch die großen Lagersteine eingebaut und befriedet. Solche Lagersteine haben Kantenlängen zwischen 20 und 140 cm und weisen nicht selten Gewichte von 3–5 Zentnern auf. Auf dieser mineralischen Schicht finden die schweren Steine ein festes und ruhiges Bett. Der Stein ist fest eingebettet und kann jederzeit begangen werden. Die Lagersteine sollten immer mit ihrer größten Oberfläche auf der Erde aufliegen. Für sonnige Standorte bieten sich halbrunde Formen besonders an, da sie an die Form eines Amphitheaters erinnern. So bleiben große Fugen zwischen den Steinen frei. Die große Oberfläche dieser Fugen bietet vielen Stauden und Gehölzen Platz. Nachdem nun alle Lagersteine an Ort und Stelle eingebaut sind, füllt man Vegetationssubstrat ein. Dabei ist zu beachten, daß Substrate für Südseitenlagen zwar gut wasserdurchlässig sein müssen, aber trotzdem eine gewisse

Bodenfeuchtigkeit halten sollen. Durch Beimengung von Bimskies oder Lavabruch erreicht man, daß das Substrat gut durchlüftet wird. Beigemengte Tonmineralien wie Bentonitmehl erhöhen die Wasserspeicherkapazität, ohne daß Vernässung oder gar Staunässe auftritt. Die Erde kann bis zu 30 cm mächtig auf den mineralischen Untergrund und zwischen die Lagersteine verteilt werden. Die große Mächtigkeit des Füllsubstrats ermöglicht es, daß Stauden- und Gehölzwurzeln tief eindringen. Die Pflanzen suchen mit der Hilfe ihrer Wurzeln nach aufnehmbarem Bodenwasser und durchwurzeln auf diese Weise die Anlage sehr schnell. Gerade bei alpinen Stauden kann man feststellen, daß sie ein ausgeprägtes Wurzelwachstum entwickeln, wenn man ihnen genug durchwurzelbares Substrat zur Verfügung stellt. Durch die vielen Feinwurzeln schützen die Stauden und Gehölze den Standort vor Auswaschung und Abspülung, was ja gerade an ungeschützten Südseiten nach ergiebigen Niederschlägen schnell der Fall sein kann. Durch eine leicht schräge Schichtung der Lagersteine, kann man größere Mengen von Oberflächenwasser schnell von der Oberfläche weg zum Untergrund leiten. Schöne kleine Dekorationssteine verbinden die einzelnen Lagersteine miteinander. Dabei werden die Dekosteine so angeordnet, daß Bänder entstehen. Reizvolle Vorbilder liefern Steingruppen am

dieser Kern verdichtet und modelliert. Die Höhe dieser Schicht kann bis zu 40 cm betragen. Auf diesen sogenannten Drainkern kommt nun die zweite Schicht. Hier verwendet man feineres Material wie Bimskies, Feinschotter und Mischkies. Geeignete Korngrößen dafür liegen zwischen 16 und 32 mm. Vermengt man diese

Ende von Geröllstreifen im Hochgebirge. Diese Steine befestigen verschiedene Steinlagerungen und verbinden sie optisch miteinander.

Nachdem nun das Oberflächensubstrat aufgebracht ist, kommt der für den Hobbygärtner wohl schönste Teil der Arbeit: die Bepflanzung. Eine Vorauswahl geeigneter Gehölze und Stauden ist, angesichts des riesigen Angebotes, sinnvoll. Wichtig sind Pionierpflanzen, die den Standort schnell besiedeln und durch ihr rasches Wachstum und ihre zahlreichen Blüten in kurzer Zeit die Schönheit des sonnigen Steingartens ahnen lassen. Besonders Stauden mit wolligen Blättern oder bläulicher Wachsbereifung deuten an, daß sie an das Leben in trockenen und heißen Zonen angepaßt sind. Schöne und leicht zu kultivierende Pionierarten für sonnige Standorte sind Lavendel *(Lavandula)*, Katzenminze *(Nepeta)*, Mauerpfeffer *(Sedum)* und Dachwurz *(Sempervivum)*. Staudengärtnereien und Gartencenter bieten hier eine große Auswahl geeigneter Gattungen, Arten und Sorten an. Diese Pioniere fassen schnell fuß und entwickeln sich zügig zu dekorativen Pflanzen. Für sonnige Flächen wählt man immer mehrere Pflanzen einer Gattung und Art aus und pflanzt in Gruppen von 3–5 Pflanzen, also niemals nach dem Schema »hier eine, da eine und dort eine«.

Auch bei der Auswahl der Gehölze sollte man den Standort in Ruhe betrachten und dann Pflanzen auswählen, die in eine typische Sonnenlage passen. Dabei sind natürliche Standorte im Gebirge gute Vorbilder. Besonders dekorativ wirken schöne Einzelgehölze, die schon ein gewisses Alter aufweisen und dabei gar nicht so akkurat gewachsen sind. Gerade Nadelgehölze wie Lärchen, Fichten, Kiefern und Wacholder neigen hin und wieder zu Kriechwuchs. Fragen Sie gezielt in Baumschulen nach solchen Pflanzen, die, weil sie nicht dem allgemeinen Schön-

Natürliche Hanggestaltung mit Blocksteinen und sonnenverträglichen Arten.

heitsideal entsprechen, oft aussortiert und gar nicht mehr angeboten werden. Solche Bonsaigestalten sind für sonnige Steinanlagen genau richtig. Erwerben Sie also ruhig Pflanzen mit Wachstumsfehlern, sie sind in der Regel meistens preiswerter als normale Pflanzen und lassen sich hervorragend in die Steinanlage integrieren.

Was für die Nadelgehölze gesagt wurde, gilt natürlich auch für die blühenden Gehölze. Es eignen sich am ehesten Zwergseidelbast *(Daphne)*, zwergige Wildrosen *(Rosa)*, kleinblättrige Weiden *(Salix)* und zwergige Ebereschen *(Sorbus)*. Die Beschaffung dieser Gehölze ist schon schwerer, und bei günstigen Angeboten sollte man schnell zugreifen. Die beste Zeit für die Bepflanzung einer Steinanlage sind die Monate Ende März bis Mitte Mai und von Mitte September bis Anfang November. Die Frostphasen des Winterhalbjahres und die Trokkenphasen des Hochsommers kommen für die Bepflanzung nicht in Frage. Auch Dekorationsstücke wie schöne Wurzelteile, Holzrinde oder Astteile gehören in eine sonnige Steinanlage. Man sollte aber keine Holzteile verwenden, die mit Moosen oder Flechten reich bewachsen sind, da es an sonnigen Standorten nur wenige Moos- und Flechtenarten gibt, die Holz besiedeln. Das gleiche gilt auch für Dekorationssteine, die aus Schattenlagen stammen, und reich mit Moospatina

bewachsen sind. Durch die starke Sonneneinstrahlung würden Moose und Flechten schnell vertrocknen, braun werden und ein unansehnliches Bild abgeben. Den Effekt sonniger Anlagen kann man noch steigern, indem man Mulchmaterial zwischen Steinen, Stauden und Gehölzen ausbringt, das aus dem gleichen Material besteht wie die Lagersteine. Splitt und Kies von Kalken und Sanden haben eine ansprechende Oberflächenfarbe und lassen die Anlage größer wirken. Außerdem verhindert diese Mulchschicht, daß sich anfliegende Samen von Unkräutern entwickeln können. Auch die für die Pflanzen günstige Oberflächenfeuchtigkeit bleibt länger erhalten. Durch diese Mulchschicht

In älteren Anlagen wachsen die Arten ineinander, ohne sich zu verdrängen.

kann man aber auch die mechanische Lockerung des Substrats zu Pflegezwecken stark einschränken, zum Teil kann sie sogar völlig unterbleiben.

Bei geschickter Bepflanzung und Pflanzenauswahl beginnt mit Unterstützung einiger Frühblüher wie Zwiebelpflanzen Krokus *(Crocus)*, Iris *(Iris)* und Schneeglöckchen *(Galanthus)* die Blütezeit bereits im Februar bis März und endet erst im Spätherbst mit Herbstzeitlosen *(Colchicum)*, herbstblühenden Krokussen *(Crocus)* und vielen anderen.

Bepflanzungsbeispiele für sonnige Lagen

Anhand von drei Bepflanzungs-beispielen werden hier sonnige Steingartenstandorte vorge-stellt. Die Auswahl ist so zusam-mengestellt, daß die Pflanzen ohne großen Suchaufwand in den meisten Baumschulen, Staudengärtnereien und gut sortierten Gartencentern erwor-ben werden können.

Ein Steingarten am Sonnenhang

Voraussetzungen: Sonnige Süd-ostlage, im Sommerhalbjahr von 7 Uhr bis 15 Uhr volles Sonnenlicht. Grundgröße 4 m × 8 m = 32 m^2. Steinmaterial: Plattenkalk und Muschelkalk für ca. 10 m^2.

Diese Anlage eignet sich für sonnige Süd-, Südost- und Südwestlagen mit leichter Neigung. Freisitzflächen, kleinere Böschungen und Vorgartenbereiche können durch diese Pflanzenauswahl wirkungsvoll gestaltet werden. Das ausgewählte Gesteinsmaterial (Plattenkalk und Muschelkalk) läßt sich auch nachträglich in die meisten bereits bestehenden Gärten einfügen. Die Frühjahrsblüte beginnt mit den gelben Blüten des Adonisröschens. Schon bald im April folgen Steinkraut und Blaukissen. Gelbe und blaue Farbtöne dominieren im Frühjahr und verwandeln die Anlage in ein wahres Blütenmeer. Im Juni folgen verschiedene Nelkenarten, die neben ihrer schönen, meist duftenden Blüten durch dekorative Blattfärbung die Anlage zieren. Im Hochsommer blüht der Kaukasische Enzian in seinem typischen Blau. Zwei Sonnenröschenarten wetteifern miteinander im Blütenreichtum. Flächig hat sich der Dalmatische Storchschnabel ausgebreitet und schmückt durch rosa Blü-

A: 1 *Buddleia alternifolia*
B: 3 *Prunus tenella*
C: 5 *Cyticus × beanii*
D: 3 *Salix repens*
E: 3 *Abies balsamea* 'Nana'
F: 1 *Chamaecyparis obtusa* 'Nana bracilis'
G: 1 *Picea glauca* 'Laurin'
H: 1 *Taxus cuspidata* 'Nana'
① 3 *Adonis vernalis*
② 5 *Alyssum saxatile* 'Compactum'
③ 5 *Aubrieta cultorum* 'Royal Red'
④ 8 *Campanula cochleariifolia*
⑤ 3 *Coreopsis grandiflora* 'Early Sunrise'
⑥ 10 *Dianthus deltoides* 'Brillant'
⑦ 5 *Dianthus plumarius*
⑧ 3 *Doronicum austriacum*
⑨ 5 *Draba aizoides*
⑩ 10 *Draba bruniifolia*
⑪ 5 *Erodium manescavii*
⑫ 5 *Gentiana clusii*
⑬ 5 *Gentiana septemfida*
⑭ 10 *Geranium dalmaticum*
⑮ 5 *Helianthemum apenninum*
⑯ 5 *Helianthemum nummularium*
⑰ 3 *Iberis saxatilis*
⑱ 5 *Lychnis viscaria*
⑲ 3 *Oenothera missouriensis*
⑳ 5 *Petrorhaqia saxifraga*
㉑ 10 *Potentilla neumanniana*
㉒ 5 *Saponaria ocymoides*
㉓ 10 *Silene schafta* 'Splendens'
㉔ 5 *Veronica spicata* 'Erika'
㉕ 5 *Briza media*
㉖ 5 *Koeleria glauca*
㉗ 3 *Poa glauca*

ten. Die kräftigen Farbtöne des Reiherschnabels haben Signalwirkung und sind weit sichtbar. Zum Frühherbst zeigen die dekorativen Blütenstände von Ehrenpreis, Seifenkraut und Nachtkerze ansprechende Farbkompositionen. Durch die Auswahl der hier verwendeten Gattungen und Arten entwickelt sich die Anlage schon im zweiten Jahr nach der Pflanzung in einen Steingarten, der von Ende Februar bis weit in den November hinein blüht.

Die Pflegearbeiten halten sich in Grenzen: Hin und wieder sollte man Nelken und Sonnenröschen durch stärkeren Rückschnitt verjüngen. Die blauen Grashorste wirken besonders im Herbst- und Winterhalbjahr sehr dekorativ und verleihen der Anlage einen natürlichen Charakter. Der Schmetterlingsflieder sorgt für Falterbesuch während der sommerlichen Blütenphasen. Nach Ende der Hartfrostphase kann man ihn kräftig zurückschneiden. Der Neutrieb wird dadurch gestärkt. Die Muschelzypresse und die Zwergeibe können nach dem dritten Standjahr durch vorsichtige Auslichtung dichter Zweige langsam zu natürlichen Bonsaigestalten erzogen werden. Die anderen Gehölze zeigen natürlichen Zwergwuchs und können im Alter durch teilweise Entfernung (Pinzierung) des Jahrestriebes kleingehalten werden. Frühblühende Zwiebelpflanzen wie Botanische Tulpen, Krokus und Iris beleben das wildnishafte Bild im Frühjahr. Als Ein-

zelanlage ist dieser Steingarten genauso wirkungsvoll wie neben einem Staudenbeet oder einem Heidegarten. Die Bepflanzung verbindet Wildcharakter und formale Gestaltung; sie eignet sich auch für architektonische Steinanlagen.

Ein Steingarten im Kleinen

Voraussetzungen: Sonnige Südlage, im Sommerhalbjahr von 10 Uhr bis 17 Uhr volles Sonnenlicht, Grundgröße 3 m × 4 m = 12 m^2. Steinmaterial: Kalksandstein für 3 m^2.

Dieser Steingarten ist besonders für kleine Gartenstandorte geeignet. Gerade in Südlagen auf kleinem Raum läßt sich eine dekorative Steinanlage aufbauen. Charakteristische Kalksandsteine mit schönem Farbspiel sind wirkungsvoll und fügen sich leicht in das vorhandene Gartenbild ein. Artenreiche Vorgärten oder offene Innenhöfe bieten sich für die hier beschriebene Bepflanzung besonders an. Der Blütenreigen beginnt durch die rosaweißen Blüten der Rosenforsythie in milden Wintern bereits im Februar. Ab Ende März zeigen die grünen Polster des Fingerkrauts gelbe Blüten. Zu dieser Zeit beginnt auch die Küchenschelle ihre weißen Blüten zu öffnen. Danach folgt die Marokko-Kamille mit ihren weißen Strahlenblüten. Weiße Alpenastern und weißes Hornkraut

rahmen die Frühlingsszenerie wirkungsvoll ein. Ab Mai erfolgt dann ein zweiter Farbschub, der durch die vielen kleinen Blüten der Miere eingeleitet wird. Glockenblumen und Grasnelke folgen nach. Der Seidelbast lockt mit seinen duftenden Blüten viele Insekten an. Im Sommer öffnen sich die zarten Kleinblüten des Schleierkrautes. Lein und Alant sorgen für gelbe, sommerliche Farbtöne. Seifenkraut, Steinbrech, Hauswurz

und Lotwurz bestimmen mit ihren verschiedenen Farbschattierungen die zweite Jahreshälfte. Ab August bis in den Oktober schmückt sich die Anlage mit den Blüten der Ballonblume und des Gamander. Der Grauschwingel und die zwergigen Vertreter von Kiefer, Fichte und Wacholder geben dem Garten auch im Winterhalbjahr Struktur. Außerdem lassen die wintergrünen Nadelgehölze den Steingarten größer

wirken. In milden Gegenden beginnt die Blüte des Winterjasmins bereits ab Mitte November. Die gelben Blüten vermitteln ein bizarres, scheinbar unwirkliches Bild.
Neben kleineren Rückschnittmaßnahmen kann die hier vorgestellte Anlage als wirklich pflegeleicht angesehen werden. Durch die Verteilung der Blüte über die gesamte Vegetationsperiode läßt die Anlage den Steingarten zum Erlebnis wer-

den. Die Kleinpolster sollten im Herbst mehrmals vom Fallaub befreit werden, um ausreifen zu können. Diese Bepflanzung läßt sich eher in einen natürlich gestalteten Garten einfügen. Die unterschiedlichen Höhen der Blütenstände und Polsterformen schaffen eine Spannung, die zum genaueren Beobachten verleitet.

A: 1 *Abeliophyllum distichum*
B: 3 *Daphne cneorum* 'Major'
C: 1 *Jasminum nudiflorum*
D: 1 *Juniperus communis* 'Hornibrookii'
E: 1 *Picea abies* 'Little bun'
F: 1 *Pinus mugo ssp. pumilo* 'Mops'
① 5 *Anacyclus depressus*
② 5 *Armeria maritima*
③ 3 *Aster alpinus* 'Albus'
④ 5 *Campanula garganica*
⑤ 5 *Cerastium tomentosum v. columnae*
⑥ 3 *Gypsophila petraea*
⑦ 5 *Inula ensifolia* 'Compakta'
⑧ 5 *Leontopodium alpinum* 'Moltifl.'
⑨ 3 *Linum flavum* 'Compactum'
⑩ 5 *Minuartia laricifolia*
⑪ 3 *Onosma stellulata*
⑫ 5 *Papaver myabeanum* 'Takedoki'
⑬ 3 *Platycodon grandiflorus* 'Apoyama'
⑭ 5 *Potentilla aurea*
⑮ 3 *Pulsatilla vulgaris* 'Weißer Schwan'
⑯ 5 *Rosularia pallida*
⑰ 5 *Saponaria × olivana*
⑱ 3 *Saxifraga longifolia*
⑲ 5 *Sempervivum tectorum* 'Nigrum'
⑳ 3 *Teucrium polium ssp. aureum*
㉑ 5 *Festuca cinerea*

Klar und formal: ein architektonischer Steingarten

Voraussetzung: Sonnige Südwestlage, im Sommerhalbjahr von 13 Uhr bis 20 Uhr helles Sonnenlicht. Grundgröße 4 m × 4 m = 16 m^2. Steinmaterial: dunkelgrauer Diabas und Basalteinsprenglinge für 5 m^2. Unser letzter Steingarten für sonnige Südlagen läßt sich gut in architektonische Anlagen einfügen. Trockenmauern aus Basalt und Diabas vermitteln ein stimmungsvolles Bild. Neben rein quadratischen Grundformen kann man den Bepflanzungsvorschlag auch in abgerundete oder rechteckige Beete einfügen. Gehölze wie Ahorn, Buchsbaum und Federbuschstrauch erinnern an japanische Gartenteile. Der dunkle Stein verstärkt diesen Eindruck. Doch anstelle der grünen Moosunterpflanzung haben wir für diesen Standort blühende Steingewächse ausgewählt. Geschnittener Buchsbaum und Federbuschstrauch wetteifern miteinander, ohne sich aber gegenseitig in den Schatten zu stellen. Ab März beginnt der Flor mit den ersten weißen Kissenblüten der Gänsekresse. Kurze Zeit später öffnen ihre rosaroten Varianten die Blüten und zeigen einen üppigen Flor. Blaue Blüten des Stengellosen Enzians und der Glockenblume folgen ab April. Polsterphlox und der Blutrote Storchschnabel bilden lockere Polster und schmücken sich überreich mit Blüten. Flach an den Stein angedrückt kriecht das Stachelnüßchen durch die Felsfugen. Einen schönen Kontrast dazu bilden die dichten Polster des Silberkissens. Etwas höhere Blütenstände zeigt die rosaweiße Kardendistel und der seltene rotblumige Rittersporn. Im Hochsommer treten Felsskabiose, Dost, Sandglöckchen und Goldaster in den reichen Blütenreigen ein. Zwischen engen Steinspalten fühlt sich der Wollknöterich, verschiedene Steinbrecharten und der Quendel wohl. Zwei Thymianarten und Oreganum liefern ungeahnte Dufterlebnisse. Auf Steinkronen gedeihen Pfingstnelken, Helmkraut, Leimkraut und Hauswurz und reihen sich in die Zahl sommerblühender Steingartenstauden ein. Ein großer Blaustrahlhafer und drei Horste des Büschelhaargrases deuten eine fast ornamentale Pflanzengruppe an. Die Samenstände der Gräser schmücken die Anlage auch im Winter. Bei der Auswahl der Gattungen und Arten wurde neben der schönen Blütenfarbe besonderer Wert auf dekorative Rosetten- und Blattformen gelegt. Gerade bei Rauhreif entstehen bei dieser Pflanzung wirkungsvolle Gartenbilder, die der Gartenanlage auch noch im Winter einen hohen optischen Reiz verleihen. Die Pflanzung ist sehr pflegeleicht. Die Stauden sind wüchsig und sollten nach drei bis fünf Jahren ausgegraben, geteilt und neu gepflanzt werden.

A: 1 *Acer japonicum*
  'Aconitifolium'
B: 3 *Buxus microphylla*
C: 1 *Fothergilla major*
D: 1 *Salix hastata* 'Wehrhahnii'

E: 1 *Chamaecyparis pisifera*
  'Filifera Nana'
F: 3 *Juniperus horizontalis*
  'Glauca'
G: 1 *Pinus cembra* 'Nana'

① 5 *Acaena microphylla*
  'Kupferteppich'
② 8 *Arabis caucasica*
  'Schneeball'
③ 3 *Arabis blepharophylla*
  'Frühlingszauber'
④ 3 *Aster linosyris*
⑤ 5 *Campanula porten-
  schlagiana*
⑥ 3 *Campanula poscharskyana*
  'Blauranke'
⑦ 3 *Crepis aurea*
⑧ 3 *Delphinium nudicaule*
⑨ 5 *Dianthus gratianopolitanus*
  'Splendens'
⑩ 3 *Eriogonum umbellatum*
⑪ 3 *Gentiana dinarica*
⑫ 5 *Geranium sanguineum*
⑬ 3 *Jasione laevis*
⑭ 1 *Morina longifolia*
⑮ 3 *Origanum vulgare*
  'Compactum'
⑯ 5 *Phlox subulata* 'Temis
  Kaming'
⑰ 3 *Ptherocephalus perennis*
⑱ 10 *Raoulia australis*
⑲ 5 *Saxifraga paniculata*
⑳ 5 *Saxifraga hostii*
㉑ 3 *Scabiosa japonica* var.
  alpina
㉒ 5 *Scutellaria alpina* 'Rosea'
㉓ 5 *Scutellaria scordifolia*
㉔ 15 *Sedum floriferum*
㉕ 5 *Sempervivella sedoides*
㉖ 5 *Silene maritima* 'Plena'
㉗ 3 *Thymus × citriodorus*
  'Argenteus'
㉘ 3 *Thymus × citriodorus*
  'Golden Dwarf'
㉙ 1 *Helictotrichon sempervirens*
㉚ 3 *Stipa capillata*

Schöne Steingartenpflanzen für sonnige Standorte

Stauden

Stachelnüßchen

Acaena buchananii
Blütezeit: 7–8.
Blütenfarbe: bräunlichgelb.
Wuchshöhe: 2–5 cm.
Boden: Lockere Mineralböden mit Humusanteil.
Vermehrung: Aussaat und Stecklinge.
Allgemeines: Wuchernd, kriechende Triebe, anspruchslos, ideale Randpflanze, mit Abstand zu anderen Arten und Gattungen pflanzen, da schwachwüchsige Gattungen und Arten unterdrückt werden.
Weitere geeignete Arten:
A. microphylla, 'Kupferteppich', kupferfarbig.

Ringblume

Anacyclus depressus
Blütezeit: 5–6.
Blütenfarbe: Oberseite weiß, Unterseite rot.
Wuchshöhe: 10–15 cm.
Boden: Lockere Mineralböden.
Vermehrung: Aussaat.
Allgemeines: Anspruchslos, nicht sehr langlebig, bildet lokkere Rosettenhorste.

Grasnelke

Armeria maritima
Blütezeit: 5–6.
Blütenfarbe: Rosa, rot und weiß.
Wuchshöhe: 5 cm.
Boden: Lockere Mineralböden.

Vermehrung: Aussaat und Teilung.
Allgemeines: Anspruchslos, sollte nach 3–4 Jahren geteilt und neu gepflanzt werden. Die grasartigen Blätter bilden dichte Horste.

Steinkraut

Alyssum saxatile
Blütenfarbe: Gelb.
Wuchshöhe: 15–20 cm.
Boden: Schotterböden.
Vermehrung: Aussaat und Stecklinge.
Allgemeines: Anspruchslos, wüchsige Staude mit früher Blütezeit, schöner Nachbar zu Blaukissen und Gänsekresse, kräftiger Rückschnitt nach der Blüte verhindert frühzeitige Vergreisung. Die krautigen Stengel an verholzenden Trieben tragen grünlich-weiße Blätter und goldgelbe Blütenstände.

Wunderschöner Horst der Grasnelke vor einem Kalkfelsen.

Goldaster
Aster linosyris
Blütezeit: 8–9.
Blütenfarbe: Goldgelb.
Wuchshöhe: 30–40 cm.
Boden: Schotterreiche, lockere Mineralböden.
Vermehrung: Teilung und Aussaat.
Allgemeines: Anspruchslos, dekorative Herbstfärbung, lockere Sprosse mit kriechendem Wuchs.

Blaukissen
Aubrieta cultorum
Blütezeit: 4–5.
Blütenfarbe: Bläulich, violett und rötlich, selten weiß.
Wuchshöhe: 5–12 cm.
Boden: Lockere Mineralböden.
Vermehrung: Aussaat und Stecklinge.
Allgemeines: Eine am häufigsten in Steinanlagen verwendete Staude, sehr attraktiv neben Gänsekresse und Stein-

Blaukissen und Steinkraut ergänzen sich in dichter Nachbarschaft wirkungsvoll.

Die Hängepolsterglockenblume gehört zu den üppigsten Sommerblühern.

kraut, wuchernd, kräftiger Rückschnitt nach der Blüte fördert gesundes, kompaktes Pflanzenwachstum, schön als »blühender Vorhang« über Steinen und Mauern, da die langen Triebe dichte Matten bilden.

Karpatenglockenblume
Campanula carpatica
Blütezeit: 5–8.
Blütenfarbe: Blau und weiß.
Wuchshöhe: 8–15 cm.
Boden: Schotterböden.
Vermehrung: Aussaat und Stecklinge.
Allgemeines: Anspruchsloser Bodendecker mit Ausbreitungsdrang, dekorativ auch in Steinfugen, die dünnen Blütentriebe schieben sich aus Horsten und bilden lockere Matten.

Garganoglockenblume
Campanula garganica
Blütezeit: 5–6.
Blütenfarbe: Verschiedene Blautöne und weiß.
Wuchshöhe: 8–10 cm.
Boden: Schotterböden.
Vermehrung: Aussaat, Stecklinge und Teilung.
Allgemeines: Wüchsiger Bodendecker, die dichten Triebe bilden kompakte Polster. Schön in Verbindung mit Heidenelke. Entfernung der Samenstände direkt nach der Blüte fördert eine Nachblüte.

Hängepolsterglockenblume
Campanula poscharskyana
Blütezeit: 5–10.
Blütenfarbe: Verschiedene blaue bis weiße Farbtöne.
Wuchshöhe: 8–15 cm.

Die Heidenelke bildet in kurzer Zeit große Polster mit üppiger Blütenfülle (links).

Die Silberdistel wird auch Wetterdistel genannt und gehört zu den geschützten Wildstauden.

Boden: Lockere Mineralböden.
Vermehrung: Teilung und Aussaat.
Allgemeines: Wüchsiger Bodendecker, dessen kräftige Triebe großflächig an Steinen und Gehölzen aufsteigen oder überhängen und große Blüten tragen. Radikale Entfernung der abgeblühten Triebe fördert einen kräftigen Nachtrieb. Schön in engen Steinspalten und als flächiger Bodendecker in größeren Anlagen.

Silberdistel, Wetterdistel
Carlina acaulis
Blütezeit: 8–10.
Blütenfarbe: Silbrigweiß.
Wuchshöhe: 10–20 cm.
Boden: Schotterböden.
Vermehrung: Aussaat.

Allgemeines: Dekorative Distelart, deren Blüten sich bei Erhöhung der Luftfeuchtigkeit sehr schnell schließen, kann als Verbindungspflanze zwischen Steingarten und Heidegarten verwendet werden. Aus der Basis der dicht am Boden anliegenden, stacheligen Blattrosette entwickelt sich die hübsche Blüte.

Gelber Lerchensporn
Corydalis lutea
Blütezeit: 5–9.
Blütenfarbe: Goldgelb.
Wuchshöhe: 20–40 cm.
Boden: Lockere Mineralböden.
Vermehrung: Aussaat.
Allgemeines: Anspruchslos. Die dichten, grünen Horste breiten sich stark aus und tragen in endständigen, dichten Trauben die dekorativen Blüten.

Heidenelke
Dianthus deltoides
Blütezeit: 6–8.
Blütenfarbe: Verschiedene Rottöne und weiß.

Wuchshöhe: 10–15 cm.
Boden: Lockere Mineralböden.
Vermehrung: Aussaat und Stecklinge.
Allgemeines: Anspruchslos, häufig Selbstaussaat, bildet mattenartige Blattpolster.

Hungerblümchen
Draba aizoides
Blütezeit: 3–4.
Blütenfarbe: Goldgelb, leuchtend.
Wuchshöhe: 5–8 cm.
Boden: Schotterböden.
Vermehrung: Aussaat, Stecklinge und Teilung.
Allgemeines: Anspruchslos, besonders schön zwischen Steinspalten, die Blattrosetten bedecken dicht den Boden.

Silberwurz
Dryas octopetala
Blütezeit: 5–6.
Blütenfarbe: Weiß.
Wuchshöhe: 3–8 cm.
Boden: Schotterböden.
Vermehrung: Aussaat und Stecklinge.

Allgemeines: Anspruchslos, eignet sich schön zur Übersteinpflanzung und zur Randeinfassung, die verholzten Triebe und die Blätter liegen am Boden auf.

Reiherschnabel
Erodium manescavii
Blütezeit: 6–9.
Blütenfarbe: Rot.
Wuchshöhe: 30–50 cm.
Boden: Schotterböden.
Vermehrung: Aussaat.
Allgemeines: Anspruchslos, zur Blütezeit sehr dekorativ, wirkt ansprechend in kleinen Gruppen. Die gefiederten Blätter bilden dichte Horste.

Erodium petraeum
Blütezeit: 5–8.
Blütenfarbe: Rosa.
Wuchshöhe: 10–12 cm.
Boden: Humusreiche Schotterböden.
Vermehrung: Stecklinge.
Allgemeines: Im 1. Jahr Winterschutz durch Abdeckung mit

Zweigen, schön in engen Felsspalten, die graugrünen Fiederblätter bilden dichte Horste.

Walzenwolfsmilch
Euphorbia myrsinites
Blütezeit: 4–5.
Blütenfarbe: Gelb.
Wuchshöhe: 15–25 cm.
Boden: Mineralische Schotterböden.
Vermehrung: Aussaat und Stecklinge.
Allgemeines: Erst im 3. Jahr entwickelt sich die Staude zu voller Schönheit. Die walzenförmigen Triebe mit den fleischigen, spitzen, wintergrünen Blättern kriechen über Steine und Boden.

Schwalbenwurzenzian
Gentiana asclepiadea
Blütezeit: 7–9.
Blütenfarbe: Blau, selten rosa oder weiß.
Wuchshöhe: 60–100 cm.
Boden: Humusreiche Schotterböden.

Vermehrung: Aussaat.
Allgemeines: Imposante Pflanzengestalt, schön vor großen Steinen oder in Gehölznähe. Die belaubten Triebe mit den glokkigen Blüten bilden lockere Horste.

Stengelloser Enzian
Gentiana dinarica
Blütezeit: 4–6.
Blütenfarbe: Blau, selten weiß.
Wuchshöhe: 5–10 cm.
Boden: Schotterböden mit Lehmanteil.
Vermehrung: Aussaat, Stecklinge und Teilung.
Allgemeines: Zur Blütezeit eine der schönsten Steingartenpflanzen, wirkungsvoll in Gruppenpflanzungen zwischen Steinspalten. Die Blatthorste liegen eng am Boden an.

Zu den dekorativsten Stauden im Steingarten zählt die Silberwurz (links).

Der Schwalbenwurzenzian bildet im Lauf der Zeit dichte Horste.

Sommerenzian

Gentiana septemfida
Blütezeit: 6–8.
Blütenfarbe: Hellblau.
Wuchshöhe: 15–25 cm.
Boden: Humusreiche Schotter-
böden.
Vermehrung: Aussaat, selten
Teilung möglich.
Allgemeines: Ansiedlung in
engen Steinfugen ist sehr wir-
kungsvoll. Die aufrechten,
beblätterten Triebe tragen bis
zu 7 Blüten.

Dalmatischer Storchschnabel

Geranium dalmaticum
Blütezeit: 6–9.
Blütenfarbe: Rot, rosa, selten
weiß.

**Der Blutrote Storchschnabel
ist eine wertvolle heimische
Wildstaude.**

Wuchshöhe: 12–18 cm.
Boden: Schotterböden mit
Lehmanteil.
Vermehrung: Teilung und Steck-
linge.
Allgemeines: Langzeitblüher, im
Herbst zeigt das Laub eine
ansprechende, rote Herbstfär-
bung. Die kriechenden Triebe
bilden dichte Horste.

Blutroter Storchschnabel

Geranium sanguineum
Blütezeit: 5–9.
Blütenfarbe: Rot, rosa, selten
weiß.
Wuchshöhe: 15–30 cm.
Boden: Humusreiche Mineralböden.
Vermehrung: Aussaat und Wurzelschnittlinge.
Allgemeines: Anspruchslos,
ansprechender Dauerblüher, der
leicht versamt. Die lockeren,
beblätterten Triebe entspringen
kriechenden Rhizomen.

Schleierkraut

Gypsophila repens
Blütezeit: 6–7.
Blütenfarbe: Rosa und weiß.
Wuchshöhe: 8–12 cm.
Boden: Schotterböden.
Vermehrung: Aussaat.
Allgemeines: Anspruchslos,
wüchsig und besonders in senk-
rechten Steinspalten wirkungs-
voll. Aus dichten Horsten wach-
sen lockere, leicht überhän-
gende Blütentriebe.

Sonnenröschen

Helianthemum nummularium
Blütezeit: 5–8.
Blütenfarbe: Gelb.
Wuchshöhe: 5–10 cm.
Boden: Schotterböden mit
geringem Humusanteil.
Vermehrung: Aussaat und
Stecklinge.
Allgemeines: Schöne Wildstaude
für flache Flächenabdeckung,
wüchsig und anspruchslos.

Schleifenblume

Iberis sempervirens
Blütezeit: 4–6.
Blütenfarbe: Weiß.
Wuchshöhe: 20–45 cm.
Boden: Lockere Mineralböden.
Vermehrung: Aussaat und
Stecklinge.
Allgemeines: Durch regelmäßi-
gen Rückschnitt nach der Blüte
erreicht man dichte, strauch-
artige, dekorative Büsche, die
nicht vergreisen. Wintergrün.

Alant

Inula ensifolia 'Compacta'
Blütezeit: 7–9.
Blütenfarbe: Gelb.
Wuchshöhe: 15–25 cm.

Boden: Schotterböden.
Vermehrung: Aussaat.
Allgemeines: Idealer Flächen-
decker, in lockeren Gruppen
anzusiedeln, aus dichten Horsten wuchern die Triebe mit
ihren spitzen Blättern.

Edelweiß
Leontopodium alpinum
Blütezeit: 6–9.
Blütenfarbe: Weiß.
Wuchshöhe: 6–15 cm.
Boden: Mineralische Schotter-
böden.
Vermehrung: Teilung und Aus-
saat.
Allgemeines: Die bekannteste
Steingartenpflanze, nach 3–5
Jahren auspflanzen, teilen und
neu pflanzen, schön in engen
Steinspalten. Die grünen bis sil-
bergrauen Laubblättchen bilden
dichte Matten.

Gelber Lein
Linum flavum
Blütezeit: 7–9.
Blütenfarbe: Gelb.
Wuchshöhe: 10–35 cm.
Boden: Lockere Mineralböden.
Vermehrung: Aussaat und
Stecklinge.
Allgemeines: Anspruchslos,
besonders wirkungsvoll vor
dunklen Nadelgehölzen, die Blü-
ten sitzen endständig an den
Trieben, Rückschnitt nach der
Blüte bewirkt eine kräftige
Nachblüte im September.

Lichtnelke
Lychnis alpina
Blütezeit: 5–6.
Blütenfarbe: Rot und weiß.
Wuchshöhe: 8–15 cm.

Boden: Schotterböden.
Vermehrung: Aussaat.
Allgemeines: Im 1. Jahr Winter-
schutz durch Abdeckung mit
Zweigen. Geeignet für enge
Steinspalten, bildet Polster.

Miere
Minuartia laricifolia
Blütezeit: 5–7.
Blütenfarbe: Weiß.
Wuchshöhe: 5–10 cm.

**Einer der Klassiker unter den
Steingartenpflanzen ist das
Edelweiß.**

Boden: Lockere Mineralböden.
Vermehrung: Aussaat, Stecklinge und Teilung.
Allgemeines: Flächiger Bodendecker, bildet Polster, dekorativ
neben Polsternelken und Sonnenröschen.

Große, gelbe Blüten zeichnen die Nachtkerze aus.

Ein wüchsiger Vertreter der Sommerblüher ist der Island-mohn (rechts).

Katzenminze
Nepeta × faassenii
Blütezeit: 5–11.
Blütenfarbe: Blau.
Wuchshöhe: 20–35 cm.
Boden: Lockere Mineralböden.
Vermehrung: Teilung und Steck-linge.
Allgemeines: Dekorative Blüten-staude, tiefer Rückschnitt nach der Blüte sorgt für einen schnellen Neutrieb und reichen Nachflor. Dekorative blaugrüne Blätter und Triebe.

Kriechende Nachtkerze
Oenothera missouriensis
Blütezeit: 7–10.

Blütenfarbe: Gelb.
Wuchshöhe: 15–25 cm.
Boden: Schotterböden.
Vermehrung: Aussaat und Stecklinge.
Allgemeines: Wertvoller Som-merblüher mit großen gelben Blüten und langen Trieben, die über den Steinen herabhängen.

Islandmohn
Papaver nudicaule
Blütezeit: 4–7.
Blütenfarbe: Weiß, rot und gelb.
Wuchshöhe: 15–25 cm.
Boden: Lockere Mineralböden.
Vermehrung: Aussaat.
Allgemeines: Meist nur zweijäh-rig, Entfernung des Samenstan-des direkt nach der Blüte ver-längert die Lebensdauer, spon-tane Selbstaussaat, passen sehr gut in naturnahe Anlagen. Große, leuchtende Blüten.

Felsnelke
Petrorhagia saxifraga
Blütezeit: 6–9.
Blütenfarbe: Rosa, weiß und rot.
Wuchshöhe: 15–25 cm.
Boden: Schotterböden.
Vermehrung: Aussaat.
Allgemeines: Sehr ansprechend auch in engsten Steinfugen, Rückschnitt nach der ersten Blüte fördert einen Nachflor im Herbst. Aus dichten Polstern treiben dünne, verzweigte Triebe mit endständigen Blüten.

Polsterphlox
Phlox subulata
Blütezeit: 4–6.
Blütenfarbe: Rosa, weiß, rot und verschiedene Blautöne, sehr variabel.
Wuchshöhe: 5–15 cm.
Boden: Lockere Mineralböden.
Vermehrung: Stecklinge.

Allgemeines: Polsterphlox sollte immer in kleinen Gruppen und verschiedenen Farben zwischen Steinfugen gepflanzt werden, nach 3–5 Jahren sollten die Stauden aufgehoben, geteilt und neu gepflanzt werden.

Ballonblume

Platycodon grandiflorus
Blütezeit: 7–9.
Blütenfarbe: Blau, selten rosa und weiß.
Wuchshöhe: 25–40 cm.
Boden: Humusreiche Schotterböden.
Vermehrung: Aussaat und Stecklinge.
Allgemeines: Eine Gruppenpflanzung vor größeren Gehölzen wirkt sehr ansprechend. Aus dem dichten Horst treiben streng aufrechte Triebe. Schöner Nachbar zu Miere und Silberwurz.

Gelbes Fingerkraut

Potentilla aurea
Blütezeit: 4–5.
Blütenfarbe: Gelb.
Wuchshöhe: 8–12 cm.
Boden: Mineralische Schotterböden.
Vermehrung: Aussaat und Stecklinge.
Allgemeines: Ansprechende sattgrüne, großflächige Polster, zur Blütezeit eine Augenweide. Kräftiger Rückschnitt nach der Blüte verhindert Vergreisung.

Gelbes Fingerkraut gehört zu den frühblühenden Steingartenstauden.

Der Teppichphlox zeichnet sich durch reiche Blütenfülle aus.

Kugelprimel

Primula denticulata
Blütezeit: 4.
Blütenfarbe: Rot, violett, rosa und weiße Farbtöne.
Wuchshöhe: 25–35 cm.
Boden: Humose Mineralböden.
Vermehrung: Aussaat und Wurzelschnittlinge.

Allgemeines: Zur Blütezeit sehr wirkungsvoll in Gruppen, die fleischigen Blätter wirken im Sommer eher störend. Die Stengel mit den kugeligen Blütenköpfen schieben sich aus einer dichten Blattrosette empor. Ein Abstand von 30 cm zu anderen Pflanzen ist notwendig.

Aurikel

Primula × pubescens
Blütezeit: 4–6.
Blütenfarbe: Rote, violette, gelbe und weiße Farbtöne.
Wuchshöhe: 12–20 cm.
Boden: Humusreiche Mineralböden.
Vermehrung: Aussaat, Stecklinge und Teilung.
Allgemeines: Die Blütenstände wachsen aus dichten Horsten mit fleischigen Blättern. Aurikel neigen jedoch im Alter zur Bildung längerer Triebe, die aus dem Boden wachsen, daher sollten die Horste alle 3–5 Jahre aufgehoben, geteilt und neu gepflanzt werden, beliebte Sammlerpflanze mit vielen Sorten.

Felsskabiose

Pterocephalus perennis
Blütezeit: 7–8.
Blütenfarbe: Rosa.
Wuchshöhe: 12–16 cm.
Boden: Schotterböden.
Vermehrung: Aussaat und Stecklinge.
Allgemeines: Wegen der graubereiften Blätter, die eine dichte, dem Boden aufliegende Matte bilden, ein schöner Kontrast zu dunkleren Gesteinstypen. In enge Steinspalten pflanzen, im 1. Jahr Winterschutz durch Abdeckung mit Zweigen.

Küchenschelle

Pulsatilla vulgaris
Blütezeit: 4–6.
Blütenfarbe: Rot, violett, weiß, sehr selten auch rosa und gelbe Farbtöne.
Wuchshöhe: 25–35 cm.
Boden: Mineralische Schotterböden.
Vermehrung: Aussaat.
Allgemeines: Neben den dekorativen Blüten, die auf mehreren Stielen aus den dichten Horsten wachsen, wirkt auch der lockere Samenstand schmückend. Beliebte Sammlerpflanze mit vielen Sorten.

Dickröschen

Rosularia pallida
Blütezeit: 6–8.
Blütenfarbe: Weiß.
Wuchshöhe: 8–15 cm.
Boden: Schotterböden.
Vermehrung: Teilung und Rosettenstecklinge.
Allgemeines: Dekorative Kleinstaude für enge Steinspalten, wirkungsvoll in Nachbarschaft mit Hauswurz und Steinbrech, sehr trockenheitsverträglich. Die kleinen, fleischigen Blattrosetten bilden dichte Polster.

Seifenkraut

Saponaria ocymoides
Blütezeit: 6–9.
Blütenfarbe: Rot und rosa.
Wuchshöhe: 15–25 cm.
Boden: Mineralische Schotterböden.
Vermehrung: Aussaat und Stecklinge.
Allgemeines: Ansprechende Steingartenstaude, ideal zur Randpflanzung, durch den hängenden Wuchs der dichte Matten bildenden Triebe auch zur Pflanzung in engen Mauerspalten geeignet, wirkungsvoll in Nachbarschaft mit Schleifenblume und Gänsekresse.

Die Küchenschelle ist eine geschützte Wildstaude für magere Standorte.

60

Königssteinbrech
Saxifraga longifolia
Blütezeit: 5–7.
Blütenfarbe: Weiß.
Wuchshöhe: 25–60 cm.
Boden: Schotterböden.
Vermehrung: Aussaat.
Allgemeines: Auffällige Staude mit nur einer, im Alter bis tellergroßen Einzelrosette, aus deren Basis 5–8 Jahre nach der Pflanzung ein zylinderförmiger Blütenstand austreibt. Die weißen Einzelblüten blühen von unten nach oben auf; nach der Blüte stirbt die ganze Pflanze ab. Samen wird reichlich angesetzt.

Traubensteinbrech
Saxifraga paniculata
Blütezeit: 5–7.
Blütenfarbe: Weiß, selten gelbe und rötliche Farbtöne.
Wuchshöhe: 8–15 cm.
Boden: Mineralische Schotterböden.
Vermehrung: Aussaat, Stecklinge und Teilung.
Allgemeines: Zierliche Kleinpolster, die sich aus vielen kleinen, am Rand kalkbereiften Rosetten zu einer wirkungsvollen, großen Rosette zusammensetzen. Wirkungsvoll in Nachbarschaft mit rotlaubigem Hauswurz und Mauerpfeffer in schmalen Steinfugen und Mauernischen.

Vorfrühlingssteinbrech
Saxifraga sancta
Blütezeit: 3–5.
Blütenfarbe: Gelb.
Wuchshöhe: 6–8 cm.
Boden: Schotterböden.

Vermehrung: Teilung und Stecklinge.
Allgemeines: Auch ohne Blüten durch die nadelspitzen, dunkelgrünen Kleinpolster ein Blickfang. Benötigt im Hochsommer etwas mehr Feuchtigkeit. Besonders zur Bepflanzung von Kalktuffsteinen geeignet, es gibt viele Arten und Sorten, sehr geschätzte Sammlerpflanze.

Das Seifenkraut besiedelt mit Vorliebe Mauerkronen.

Weißer Mauerpfeffer gehört zu den anspruchlosesten Steingartenstauden (unten).

Weißer Mauerpfeffer
Sedum album
Blütezeit: 5–7.
Blütenfarbe: Weiß bis rosa.
Wuchshöhe: 3–5 cm.

Boden: Lockere Mineralböden.
Vermehrung: Teilung und Stecklinge.
Allgemeines: Anspruchsloser
Bodendecker mit fleischigen,
runden Blättchen, für trockene
und heiße Standorte. Polster
färben sich im Herbst kräftig
rot. Kann lästig werden, da die
Pflanze einen großen Ausbreitungsdrang hat.

Hauswurz
Sempervivum tectorum
Blütezeit: 6–8.
Blütenfarbe: Rötliche, gelbe und
weiße Farbtöne.
Wuchshöhe: 8–30 cm.
Boden: Schotterböden.
Vermehrung: Aussaat und
Rosettenstecklinge.
Allgemeines: Die Vielzahl von
Formen und Farben der polster-

bildenden Laubrosetten machen
diese Gattung zu einer der
beliebtesten Steingartenstaude,
anspruchslos, sehr dekorativ in
engen Fugen.

Leimkraut
Silene maritima
Blütezeit: 6–8.
Blütenfarbe: Weiß und rosa.
Wuchshöhe: 10–15 cm.
Boden: Lockere Mineralböden.
Vermehrung: Aussaat und
Stecklinge.
Allgemeines: Anspruchslos, bil-
det ausladende Matten, sehr
schön in Mauerfugen, wirkungs-
voll in Nachbarschaft mit Gän-
sekresse und Heidenelke und
vor Zwergkoniferen.

Leimkraut
Silene schafta 'Splendens'
Blütezeit: 7–8.
Blütenfarbe: Rot.
Wuchshöhe: 8–12 cm.
Boden: Schotterböden.
Vermehrung: Aussaat.
Allgemeines: Anspruchsloser
Lückenfüller, wirkt ansprechend
in kleinen Gruppen neben Grä-
sern. Bildet dichte Horste mit
dünnen Blütentrieben.

**Vertreter der Leinkrautarten
zeichnen sich durch gute Wüch-
sigkeit und Blütenfülle aus.**

Gräser

Zittergras
Briza media
Blütezeit: 5–6.
Blütenfarbe: Weißlich.
Wuchshöhe: 30–40 cm.
Boden: Lockere Mineralböden.
Vermehrung: Teilung und Aussaat.
Allgemeines: Wüchsiges Wildgras für größere Anlagen, grünliche Horste mit lockeren Blütenständen, hat herzförmige kleine Einzelblüten, Rückschnitt direkt nach der Blüte verhindert übermäßige Selbstaussaat.

Grauschwingel
Festuca cinerea
Blütezeit: 5–7.
Blütenfarbe: Gelblich bis weiß.
Wuchshöhe: 25–35 cm.
Vermehrung: Teilung und Aussaat.
Allgemeines: Anspruchsloses Ziergras für größere Anlagen, nach 3–5 Jahren sollten die grauen, blaubereiften Horste aufgehoben, geteilt und neu gepflanzt werden, um Vergreisung und Verkahlung aus der Mitte der Horste vorzubeugen, Samenstände nach der Blüte entfernen.

Federgras
Stipa capillata
Blütezeit: 7–10.
Blütenfarbe: Weißlich.
Wuchshöhe: 50–90 cm.
Boden: Lockere Mineralböden.
Vermehrung: Aussaat.

Zu den wildnishaften Steingartengräsern gehört das Zittergras.

Federgräser zieren während der Blütezeit den naturnahen Steingarten.

Allgemeines: Wüchsiges Ziergras mit dekorativen Blütenständen für sonnige und heiße Lagen. Schön im Vordergrund von Nadelgehölzen, Samenstand auch im Winter zierend.

Aufbau und Gestaltung schattiger Steinanlagen

Viele Fachautoren vertreten heute die Meinung, daß Schattenbereiche zur dauerhaften Gestaltung einer Steinanlage langfristig nicht geeignet sind. Sicher mag es auch die eine oder andere negative Erfahrung gegeben haben, aber dadurch, daß viele heute die Natur neu betrachten und in Gärten nachempfinden, hat sich gezeigt, daß auch schattige Steingärten ansprechend sein können. Betrachtet man den Schattenstandort kritisch, wird man schnell feststellen, daß es verschiedene Schattensituationen im Garten gibt. Man unterscheidet zwischen Dauerschatten und Wechselschatten. Dauerschatten entsteht durch feste Objekte wie Mauern, Wände und andere Baulichkeiten. Hier herrscht rund um das Jahr mildes, diffuses Licht, der Schattenwurf ist leicht feststellbar. Man ermittelt die Lichtstärke am besten mit dem Photo-Meter, wie es auch zum Messen der Lichtstärke beim Fotografieren verwendet wird. Die Maßeinheit heißt Lux. Werte unter 500 Lux sind in der Tat zur Gestaltung alpiner Steinanlagen nicht geeignet. Doch schon Werte über 1500 Lux lassen Pflanzenwachstum zu. Wechselschatten kann ebenfalls durch feste Baulichkeiten entstehen. Wo Wechselschatten

auftritt, sind die Gebäude aber nicht allzu hoch, so daß rund ums Jahr und während aller Jahreszeiten ein höherer Lichteinfall möglich ist. Wechselschatten tritt oft auch unter weiter entfernt stehenden Baumkronen auf. Durch Windbewegungen und den Tageslauf der Sonne können diese Standorte hin und wieder leicht besonnt werden. Um einen Steingarten in Schattenlagen ansprechend zu bepflanzen, sollte man an natürlichen Schattenstandorten Anregungen sammeln. Schattige Steinanlagen findet man im Flachland häufig in offengelassenen Steinbrüchen, die dann mit der Zeit wieder bewachsen werden. Neben Gräsern entwickeln sich schnellwachsende Weichholzarten wie Haselnuß *(Corylus)* und Weide *(Salix)*. Diese Gehölze sorgen recht schnell für die Beschattung der Steinflächen und es findet sich eine interessante Pflanzengesellschaft ein. Fugenfarne, Moossteinbreche und andere Fugenbesiedler bilden ästhetische Landschaftsbilder auf den Steinen. Zwerggehölze wie Heidel-

beere *(Vaccinium myritillus)*, Preiselbeere *(Vaccinium myriophyllum)* und Besenheide *(Calluna vulgaris)* stoßen auf physiologisch saurem Gestein wie Gneis, Granit, Porphyr oder Buntsandstein noch hinzu. Im Hochgebirge kann man die Schattenvegetation an der Nordseite hoher Bergketten, auf

Eine schattige Steinanlage bietet reizvolle Gartenbilder durch die Harmonie von Stauden und Gehölzen.

Felsen und in Schluchtwäldern am besten kennenlernen. Neben Gräsern, Farnen und vielen verschiedenen Moosen und Flechten findet man eine Vielzahl von Blütenpflanzen und kleinen Gehölzen. Auf kalkhaltigem Gestein tritt häufig die Krähenbeere *(Empetrum nigrum)* und die Beerentraube

(Arctostaphylos uva-ursi) auf und überzieht größere Steinflächen mit feinem Geäst.

Moose und Flechten wachsen auf Steinen und zwischen der Vegetation, sie lassen immer Rückschlüsse auf die vorhandene Oberflächenfeuchtigkeit zu. Schattenstandorte brauchen wesentlich mehr Feuchtigkeit

als sonnige Standorte. Doch Staunässe sollte auch hier tunlichst vermieden werden. Bei der Schichtung des zukünftigen Steingartens kann man aber auf die Verlegung von Drainrohren verzichten.

Nachdem der Untergrund gelockert wurde, wird mit einem Rechen die Grundform modelliert und das lockere Erdreich mit einem Handstampfer leicht verdichtet. Die Durcharbeitung und Lockerung der Fläche dient zur Vergewisserung, daß wirklich keine Rhizomunkräuter vorhanden sind. Rhizomunkräuter wie Schachtelhalm, Giersch, Quecke, Winde und Distel nachträglich zu entfernen, ist ein fast unmögliches Unterfangen. Nicht selten ist die mangelnde Standortvorbereitung der Grund dafür, daß ein Steingarten nicht gedeiht. Durch ständig nachwachsende Rhizomunkräuter verliert auch der fleißigste Steingärtner mit der Zeit die Lust an der Anlage.

Anschließend wird die erste mineralische Kernschicht aufgebracht, sie kann bis zu 50 cm mächtig sein. Hier empfiehlt sich ebenfalls die Verwendung von Basaltschotter oder Kalkschotter mit einer Durchschnittskorngröße von 32 mm. Bei Mischungen der Korngrößenfraktion von 32–72 mm kann auch ein bis zu 30% hoher Anteil von Sand- und Erdverunreinigungen enthalten sein. Solches organische Material sorgt für eine gewisse Bindigkeit der Kernschicht, die mit Hilfe eines Handstampfers oder

dem Rücken einer Flachschippe leicht verdichtet wird. Bei diesem Vorgang befeuchtet man trockenes Material mit einer Gießkanne oder einem Gartenschlauch. Durch diese Zugabe von Wasser läßt sich der Verdichtungsvorgang beschleunigen. Die zweite Schicht sollte aus einer Mischung Bimskies, Feinschotter, Mischkies und unkrautfreiem Oberboden bestehen. Das vorhandene Erdmaterial muß sowohl humose wie lehmige Anteile aufweisen. Die rein mineralischen Anteile können Korngrößen zwischen 16 und 32 mm enthalten. Das Mischverhältnis zwischen Bimskies, Feinschotter und Mischkies auf der einen Seite und unkrautfreiem Oberboden auf der anderen sollte 50:50 ausmachen. Diese Schicht kann bis zu 40 cm hoch auf die Kernschicht aufgebracht werden. Auch hier läßt sich durch Befeuchtung eine schnellere gleichmäßigere Verdichtung erzielen. Mit der Flachschaufel hebt man nun Vertiefungen aus, die die großen Lagersteine aufnehmen. Anders als in sonnigen Anlagen werden die Lagersteine in Gruppen aus drei bis sieben Steinen zu kleineren Pyramiden zusammengefügt. Diese Pyramidenform schafft Höhen und Tiefen und sorgt auf diese Weise für unterschiedliche Fugenabstände, die aber immer kleiner als bei sonnigen Standorten sind. Die Steine werden durch eine gemeinsame, leichte Schrägung so angeordnet, daß das Oberflächenwasser in klei-

neren Mulden abfließen kann. Diese Mulden übernehmen die Funktion von Wassersammlern und haben eine Reservoirwirkung. In der Natur findet man sowohl in sonnigen als auch in schattigen Lagen solche Vertiefungen. Man bezeichnet sie als Schneetälchen. Im Frühjahr bleibt der Schnee hier länger liegen und es ist kälter. Neben der höheren Feuchtigkeit ist eine niedrigere Durchschnittstemperatur in Schattenlagen vorteilhaft für das Kleinklima. Nachdem nun die großen Lagersteine in die Anlage eingebracht wurden, sollte man noch einige größere Wurzelstöcke mit einbauen. Besonders geeignet sind knorrige, alte Baumstubben von Eiche und Buche. In Wäldern findet man bei Spaziergängen sehr oft geeignetes Dekorationsmaterial für den Steingarten. Bevor Sie die alten Wurzelstümpfe ausgraben, halten Sie bitte Rücksprache mit dem Waldbesitzer oder Förster und holen seine Genehmigung ein. Je nach Größe des Steingartens sollten derartige Baumwurzeln zwischen 50 und 150 cm Länge aufweisen. Der Wurzelstumpf wird immer so in die Anlage integriert, wie er gewachsen ist. Vermeiden sie dabei unnatürliche Szenen. Die Wurzelstubben werden zwischen die Lagersteine eingearbeitet. Nun kann das Vegetationssubstrat verfüllt werden. Hat man genügend humosen, unkrautfreien Oberboden zur Verfügung, so bildet

dieser die Grundlage des Substrats.
Schattenstandorte sind Humusstandorte, beziehungsweise humussammelnde Standorte. Ideale Mischungen bestehen aus feinem Bimskies, Sand, Rindenkompost und Oberboden. Auch Torfsubstrate können verwendet werden. Damit eine gute Bindigkeit zwischen organischen und mineralischen Bestandteilen gewährleistet werden kann, sollte Bentonitmehl eingemischt werden. Gute Mischverhältnisse liegen hier zwischen 30% mineralischer Substanz und 70% organischen Bestandteilen. Auf 100 l Substrat können 2–5 kg Bentonitmehl beigemengt werden. Für kleinere Flächen bis 5 m^2 Grundfläche kann man das Vegetationssubstrat in einer Schiebekarre mischen. Für

Frauenschuh *(Cypripedium calceolus)*, eine unserer seltensten Orchideen. Neben Primeln *(Primula)* blühen nach und nach verschiedene Arten des Polstersteinbrechs *(Saxifraga)*. Die Zahl schöner und seltener Bewohner schattiger Steingartenanlagen ist sehr umfangreich. Neben der Blütezeit und der Blütenfarbe schmücken sich viele Bewohner auch durch ihre schöne Blattgestalt. Auch Moose und Flechten stellen sich schnell auf den Steinen ein und vermitteln ein schönes, natürliches Bild. Wem die Entwicklung dieser »Aufsitzer« zu lange dauert, kann den Vorgang durch einen Trick beschleunigen. Trockene Kuhfladen werden in Wasser aufgelöst bis ein Brei entsteht. Diese zähflüssige Masse wird mit einem alten, breiten Pinsel auf die Steinoberfläche aufgetragen, bis eine 2–3 mm starke Schicht vorhanden ist. Eine breiige Mischung aus Milch und Haferflocken fördert ebenfalls die schnellere Ansiedlung von Pilzrasen, Flechten und Moosen. Hohe und gleichmäßige Luftfeuchtigkeit bei Lufttemperaturen um 15°C fördern diese Entwicklung ebenfalls. Der günstigste Zeitpunkt für diese Maßnahme ist das Sommerhalbjahr. In den Moosrasen der Steine können sich sogar Stauden ansäen und schließlich auch den Stein besiedeln.

Anlagen ab 20 m² Grundfläche kann man sich diese Arbeit durch eine Betonmischmaschine erleichtern. Das Vegetationssubstrat wird 20–25 cm mächtig gleichmäßig in der Anlage verfüllt und angedrückt. Nun können die ersten Stauden und Gehölze gepflanzt werden. Günstige Pflanzzeiten liegen zwischen Mitte März und Ende Mai sowie von Anfang September bis Mitte November. Da die Fugen zwischen den Steinen und Holzstubben kleiner als bei den sonnigen Standorten sind, pflanzt man immer in einer Reihe und nicht kreisförmig oder oval in Gruppen. Die Anzahl der Pflanzen pro Art sollte ebenfalls zwischen 3 und 5 liegen. Auch hier muß davor gewarnt werden, verschiedene Pflanzen einzeln und abwechselnd zu pflanzen.

Danach kann die Fläche leicht abgemulcht werden. Feingesiebter Rindenmulch, Kalksplitt und Quarzsand erfüllen als Mulchschicht gute Dienste. Nach dem Mulchen sollte die Fläche mit Hilfe eines feinen Sprühstrahls intensiv durchfeuchtet werden. Gute Dienste leisten hier Gartenregner, deren Tröpfchengröße einstellbar ist. Nebelfeine Wassergaben sind für diesen Standorttyp am besten und fördern das schnelle Anwachsen der Pflanzen.
Auch in den schattigen Lagen beginnt bereits früh im Jahr die Blütezeit. Leberblümchen *(Hepatica)*, Lerchensporn *(Corydalis)* und Buschwindröschen *(Anemone)* blühen bereits im März. Der schattige Steingarten beherbergt im späten Frühjahr auch eine große Rarität. Um Pfingsten erblüht der Heimische

67

Bepflanzungsbeispiele für schattige Lagen

Anhand von zwei Bepflanzungs-
beispielen werden schattige
Steingartenstandorte vor-
gestellt. Wie bei den Beispielen
für sonnige Anlagen, werden
auch hier Gattungen, Arten und
Sorten zusammengestellt, so
daß die Gehölze und Stauden
ohne großen Suchaufwand in
den meisten Baumschulen,
Staudengärtnereien und gut
sortierten Gartencentern erwor-
ben werden können.

Pflanzenvielfalt auch im Schatten

Voraussetzungen: schattige
Nordwestlage, im Sommerhalbjahr zwischen 6 Uhr und 8 Uhr
sonnenbeschienen, tagsüber im
hellen Schatten einer Baum-
gruppe, ab 19 Uhr tiefer Dauerschatten durch den Schatten
der Gebäude. Grundgröße 6 m
× 7 m = 42 m². Steinmaterial:
Zechstein, Kalk und Kalktuff für
12 m².
Im lichten Schatten von Gehölzen entstehen häufig interessante Steingartenstandorte,
die durch wechselnde Lichtver-
hältnisse ideale Bedingungen
bieten. Die hier beschriebene
Anlage ist leicht zu pflegen und
in vielen Gärten nachbaubar;
sie eignet sich für schattige Vorgartenbereiche, ebenso für Frei-
sitz oder Innenhofanlagen.

A: 10 *Arctostaphylos uva-ursi*
B: 3 *Buxus sempervirens*
C: 1 *Corylopsis pauciflora*
D: 5 *Cotoneaster dammeri* 'Streibs F.'
E: 1 *Daphne mezereum*
F: 5 *Muehlenbeckia axillaris*
G: 3 *Rhododendron hirsutum*
H: 5 *Vaccinium myrtillus*
I: 5 *Vaccinium vitis-idaea*
J: 1 *Viburnum carlesii*
K: 3 *Microbiota decussata*
L: 1 *Tsuga canadensis* 'Nana'

① 3 *Adonis amurense*
② 10 *Ajuga reptans*
③ 5 *Alchemilla hoppeana*
④ 10 *Anemone nemorosa* 'Alba Plena'
⑤ 5 *Anemonella macrophylla*
⑥ 10 *Asarum caudatum*
⑦ 5 *Buglossoides purpureocaerulea*
⑧ 10 *Cardamine trifoliata*
⑨ 10 *Chiastophyllum oppositifolium*
⑩ 3 *Cypripedium calceolus*
⑪ 10 *Haquetica epipactis*
⑫ 5 *Hepatica nobilis*
⑬ 5 *Hepatica transsylvanica*
⑭ 10 *Maianthemum bifolium*
⑮ 15 *Omphalodes verna*
⑯ 5 *Polygonatum verticillatum*
⑰ 3 *Ramonda myconi*
⑱ 10 *Sanguinaria canadensis*
⑲ 20 *Saxifraga hypnoides* var. *egemulosa*
⑳ 10 *Saxifraga cuneifolia*
㉑ 5 *Saxifraga rotundifolia*
㉒ 10 *Soldanella montana*
㉓ 10 *Vancouveria hexandra*
㉔ 5 *Waldsteinia ternata*
㉕ 3 *Asplenium adiantum-nigrum*
㉖ 3 *Phyllitis scolopendrium*
㉗ 3 *Polystichum lonchitis*
㉘ 5 *Polypodium vulgare*
㉙ 3 *Deschampsia caespitosa*
㉚ 3 *Melica uniflora*

Das verwendete Steinmaterial besteht aus verschiedenen Zustandsformen des Kalksteins, nämlich Zechstein, Plattenkalk und Kalktuff. Durch ihre helle Oberfläche schaffen Kalksteine schöne Stimmungen in dunkleren Gartenbereichen und vermitteln ein freundliches Bild. Die Anlage kann eben oder leicht geneigt sein, Plattenkalke können zu Trockenmauern geschichtet werden oder als Trittplatten fungieren. Immergrüne Gehölze wie Buchsbaum, Zwergmispel, Alpenrose, Heidelbeere und Preiselbeere beleben die Steinanlage auch in dunklen Wintertagen. Die Nadelgehölze sorgen für Struktur und passen gut in schattige Steinbereiche, wo sie auch im Rauhreif oder mit einer Schneehaube bedeckt die Aufmerksamkeit auf sich ziehen. Fast unwirklich schieben sich bereits Ende Februar die gelben Blüten des Amur-Adonisröschens durch den Schnee. Im zeitigen Frühjahr schmückt sich der Seidelbast mit nach Honig duftenden, rosa Blüten. Im Mai und Juni fällt dann der Schneeball durch seine weißen, duftenden Blütenbälle auf und beherrscht das Steingartenbild. Das gefiederte, zartgrüne Laub hat hohe Leuchtkraft und paßt gut zu der Blüte des Buschwindröschens, das ab April zwischen den Steinfugen mit weißen Schalenblüten leuchtet. In blauen Tönen wetteifern das Siebenbürger Leberblümchen mit dem Heimischen Leberblümchen, das Erstgenannte beginnt etwa 14 Tage früher

mit dem Flor. Blaue Töne zeigen nun auch das Frühlingsgedenkemein, das zwischen dem Haselwurz blüht. Gegen Ende April leuchten die blauen Blüten des Günsels auf kräftigen Laubpolstern. In engen Steinfugen reckt sich die Schafsdolde mit ihren gelben Blüten dem Licht entgegen. An feuchteren Stellen findet man die zierlichen, nikkenden Blüten des Alpenglöckchens. Das Schattenblümchen mit seinen weißen Blüten unterstreicht die größeren, weißen Schalenblüten des Blutwurz. Gegen Ende Mai zeigt der Heimische Frauenschuh, die größte einheimische Orchidee, ihre exotisch anmutenden gelben Blüten. Moossteinbrech und Keilblättriger Steinbrech rahmen diese schönen Orchideenblüten ein. In engen Felsspalten zeigt auch der Felsenteller seine dem Usambaraveilchen ähnlichen Blüten. An trockenen Stellen kriechen die grünen Triebe des Steinsamens und tragen dekorative, blaue Blüten. Hin und wieder schiebt sich ein Blütenstand der Vancouverie aus dem grünen Teppich. Ab Juli schmückt sich der Salomonsiegel mit nickenden, weißen Einzelblüten. Durch seine stattliche Höhe bis zu 1 m nimmt er eine überragende Stellung in der Schattengesellschaft der Stauden ein. Im Hochsommer kommt das Walddickblatt zur Blüte, die fleischigen Blätter tragen dann goldgelbe Blütenstände. Ebenfalls um diese Zeit blühen die an Akelei erinnernden Wachsblüten der Schein-

anemone und stellen sich in den Mittelpunkt der schattigen Steinanlage. Ungarwurz und Schaumkraut schmiegen sich in die Felsfugen ein und umspielen die wintergrünen Farne, wie den Lanzenfarn und die Hirschzunge. In engsten Mauerfugen oder Felsspalten siedelt der Schwarze Streifenfarn und der Tüpfelfarn. Schmiele und Wim-

perperlgras bringen auch im Herbst Stimmung in den Garten. Die Bärentraube wirkt besonders durch ihre kupferrote Herbstlaubfärbung sehr ansprechend. Herbstliches Falllaub sollte im November gründlich aus der Anlage entfernt werden. Angewehte Laubreste können in der Anlage verbleiben. Abgeblühte Samenstände werden erst im März des nächsten Jahres entfernt, da sie schöne winterliche Bilder vermitteln. Durch den wechselnden Schatten siedeln sich auf den Steinen Moose und Flechten an, die wir in ihrer Entwicklung fördern sollten, indem wir bei sommerlicher Trockenheit neben den Pflanzungen auch die Steine befeuchten.

Reizvolle und informationsreiche Vorbilder für Steingärten an schattigen Standorten sind Schluchten und Felswände in den dichten Wäldern der Gebirge. Sie beweisen, daß die Pflanzenauswahl auch im Schatten keine Wünsche offen läßt – der Phantasie sind keine Grenzen gesetzt.

Ein Steingarten auf kleinstem Raum

Voraussetzungen: Schattige Nordlage, im Sommerhalbjahr in den frühen Morgenstunden hell, aber nicht sonnig, bereits gegen Mittag im Dauerschatten von Gebäuden. Grundgröße: $4\,m \times 4\,m = 16\,m^2$. Steinmaterial: Roter Sandstein für $4\,m^2$. Auf kleinem Raum im Dauerschatten von Gebäuden, Zäunen, Mauern oder anderen Baulichkeiten lassen sich ebenfalls dekorative Steinanlagen nachempfinden. Die hier vorgestellte Anlage wurde aus Rotem Sandstein aufgebaut und eignet sich ideal für die Gestaltung von

Erholung und Erfrischung verspricht ein schattiger Steingarten, in den ein Bachlauf integriert ist.

Hinterhofflächen, Innenhöfen und kleineren Vorgärten, die eher »Gärtnercharakter« haben. Bei der Auswahl der Bepflanzung kommt der Raritätensammler voll auf seine Kosten. Roter Sandstein paßt sich hervorragend in ebene sowie leicht geneigte Gartenanlagen an. Schön wirkt Sandstein in Verbindung mit Stauden und dunkelfarbigen Nadelgehölzen im Hintergrund. Durch höheren Humusanteil im Substrat lassen sich fast Waldrandstandorte in der Steinlandschaft gestalten. Die Zwergbirke kriecht über den Stein, Rebhuhnbeere, Moosbeere und Preiselbeere sind Laubgehölze, die eng an den Boden gekauert wachsen. 'Summerset's Seidelbast' überragt diese flachen Laubgehölze und schmückt sich im Mai bis Juni mit duftenden, weißen Blüten. Igelfichte, Zwergfichte und eine Eibe rahmen die kleine Steinlandschaft wirkungsvoll ein. Der Zuwachs ist nur sehr gering, und es dauert viele Jahre, bis Schnittmaßnahmen zur Formgebung notwendig werden. Die Staudenauswahl wurde so zusammengestellt, daß rund um das Jahr immer eine Staude in Blüte steht. Vom späten Herbst bis in das zeitige Frühjahr blühen die Mirabellenalpenveilchen und die Christrosen im Duett. Bei den Alpenveilchen findet man rosa, rote und weiße Farbtöne. Die Christrosenblüten sind auch hervorragende Schnittblumen, die in der Vase mehrere Wochen winterlichen Blütenschmuck liefern. Über tiefgrü-

nen Polstern präsentiert die Gänsekresse ab Mitte März ihre ersten weißen Blüten. Zwischen engen Steinfugen wirken diese Polster einzigartig. Im Schatten der kleineren Laubgehölze macht jetzt auch das Veilchen mit hübschen, gelben Blüten auf sich aufmerksam. Anfang April treiben zusammen mit dem frischen Laub die Blüten der Elfenblume. Kräftige blaue Farbtöne zeigt in dieser Zeit das Kaukasische Vergißmeinnicht. Aus starken Horsten treiben eine Menge kräftiger Blütenstände empor. In der Nachbarschaft schiebt die Herzblattschale filigrane, fast zerbrechliche weiße Einzelblüten. Der Japanische Mohn sprießt mit zartgrünen Sprossen aus dem Boden und begrüßt die Blüten der Alpenakelei. Flächige, grüne Polster des Steinbrechs schmücken sich Anfang Mai mit weißen, rosa oder roten Blüten. Aufgeblasene Blüten mit kräftiger weißer Farbe und petersilienartigem Laub zeigt die Herzblume. Ab Mitte Mai erblüht der Heimische Frauenschuh mit gelben Pantoffelblüten, gefolgt von seinem nordamerikanischen Verwandten, dem Kleinblumigen Frauenschuh. Diese Art bleibt in allen Teilen kleiner. Anfang Juni zeigen sich dann die großen rosa bis weißen Blüten des Königsfrauenschuh. Ohne Zweifel ein Höhepunkt der Staudenblüte im schattigen Steingarten. Zeitgleich schmückt sich auch das Gefleckte Knabenkraut mit rosa-weißen Orchideenblüten.

Neben der Blüte hat es auch durch das gefleckte Blatt einen hohen Zierwert. Die erfolgreiche Kultur dieser Orchideensorten setzt hohes Einfühlungsvermögen in die natürlichen Lebensbedingungen der Pflanzen voraus. Mineraldünger im Boden läßt jeden Ansiedlungserfolg scheitern. Ab Mitte Juli blühen dann verschiedene Schlüsselblumenarten mit gelben oder rosa Blüten. Überragt wird die Primelblüte von den weißen Türkenbundlilien, die sich wie

Fontänen aus der grünen Vegetation hervorstrecken. Dicht am Boden zeigt jetzt auch das Duftende Alpenveilchen seine rosa und roten Blüten. Ab August treibt nun das Efeublättrige Alpenveilchen weiße, rote und rosa Blüten. Mit der letzten Blüte erscheinen dann auch die weiß gezeichneten Laubblätter, die über den Winter an der Pflanze verbleiben. Mit Beginn des Herbstes entwickelt sich dann noch einmal ein Blütenflor. Die Japanische Wachs-

glocke bildet dichte, hohe Horste und präsentiert dekorative, wachsartige, gelbe Glokkenblüten. An feuchten Stellen zeigt die Krötenlilie ab September über grünen Laubhorsten exotische Lilienblüten, die meist eine weiße bis violette Grundfarbe haben und mit dunkleren Pünktchen übersät sind. Den Abschluß der Blütezeit bildet der Oktobersteinbrech. Über rotem Laub mit lackfarbigen roten Stielen erblühen weiße Steinbrechblüten in großer Zahl.

Im Alter bildet diese Steinbrechart dichte Polster. Ab November öffnet die Christrose wieder ihre weißen Blüten. Mit ihr schließt sich das Gartenjahr in dieser schattigen Steinanlage und lädt zur Nachahmung ein.

A: 3 *Betula nana*
B: 1 *Daphne burkwoodii* 'Summerset'
C: 5 *Gaultheria procumbens*
D: 5 *Vaccinium uliginosum*
E: 3 *Vaccinium vitis-idaea*
F: 1 *Picea abies* 'Echiniformis'
G: 1 *Picea abies* 'Little Gem'
H: 1 *Taxus baccata* 'Repandens'
① 5 *Aquilegia alpina*
② 3 *Aquilegia caerulea*
③ 10 *Arabis procurrens*
④ 3 *Asarina procumbens*
⑤ 5 *Azorella trifurcata*
⑥ 3 *Brunnera macrophylla*
⑦ 5 *Cyclamen coum*
⑧ 3 *Cyclamen hederifolium*
⑨ 3 *Cyclamen purpurascens*
⑩ 1 *Cypripedium calceolus*
⑪ 1 *Cypripedium reginae*
⑫ 1 *Cypripedium parviflorum*
⑬ 3 *Dactylorhiza maculata*
⑭ 3 *Dicentra cucularia*
⑮ 5 *Epimedium grandiflorum*
⑯ 1 *Helleborus niger* 'Praecox'
⑰ 3 *Hylomecon japonica*
⑱ 3 *Jeffersonia diphylla*
⑲ 1 *Kirengeshoma palmata*
⑳ 5 *Lilium martagon* 'Album'
㉑ 3 *Primula × bullesina*
㉒ 5 *Primula florindae*
㉓ 5 *Saxifraga-Arendsii*-Hybriden
㉔ 3 *Tricyrtis hirta*
㉕ 3 *Viola biflora*
㉖ 5 *Asplenium ruta-muraria*
㉗ 3 *Asplenium trichomanes*
㉘ 3 *Asplenium viride*
㉙ 3 *Blechnum spicant*
㉚ 3 *Carex plantaginea*

Schöne Steingartenpflanzen für schattige Standorte

Stauden

Adonisröschen
Adonis amurense
Blütezeit: 2–4.
Blütenfarbe: Diverse Gelbtöne.
Wuchshöhe: 15–30 cm.
Boden: Humusreiche Mineralböden.
Vermehrung: Teilung.
Allgemeines: Hervorragender Frühblüher, treibt häufig schon durch den Schnee und öffnet die Blüten, ab Ende März folgt das gefiederte Laub. Die Pflanze zieht bereits Anfang Juni wieder ein und hinterläßt Lücken, die

Das Buschwindröschen ist eine weit verbreitete, heimische Wildstaude (rechts).

Das Amur-Adonisröschen blüht häufig bereits im Februar im Schnee (links).

durch Begleiter wie Leberblümchen oder Schattenblümchen geschlossen werden können.

Günsel
Ajuga reptans
Blütezeit: 4–6.
Blütenfarbe: Blau, seltener weiß oder rosa.
Wuchshöhe: 8–15 cm.
Boden: Humusreiche Mineralböden.
Vermehrung: Teilung und Rosettenstecklinge.
Allgemeines: Durch kräftige Färbung der Rosetten schmückt sich diese Art auch in der blütenlosen Zeit, durch Entfernung übermäßig wüchsiger Pflanzenteile kann man Wucherungstendenzen unterdrücken, wirkungsvoll in Nachbarschaft mit Dekorationswurzeln oder am Rand von Wasserstellen.

Buschwindröschen
Anemone nemorosa
Blütezeit: 3–5.
Blütenfarbe: Weißlich, rötlich, selten auch grünlich und gefüllte Formen.
Wuchshöhe: 10–12 cm.
Boden: Lockere Mineralböden.
Vermehrung: Aussaat und Rhizomteilung.
Allgemeines: Wüchsige Wildstaude mit unbändigem Ausbreitungsdrang, ohne dabei störend oder überwuchernd zu sein. Pflanzung zwischen sommergrüne Polsterstauden, da diese Art mit ihren dekorativen Blüten und dem gefiederten Laub bereits Ende Mai einzieht und sonst Lücken hinterläßt.

Schwarze Akelei
Aquilegia atrata
Blütezeit: 4–5.
Blütenfarbe: Schwarz bis dunkelblau.
Wuchshöhe: 25–45 cm.
Boden: Humusreiche Mineralböden.
Vermehrung: Aussaat.
Allgemeines: Wüchsige Wildstaude mit lockeren Horsten und feingliedrigen Trieben für naturnahe Anlagen. Dekorative und auffallende Blütenfarbe, neigt zu starker Selbstaussaat, daher ist die Entfernung des Samenansatzes sinnvoll. Laubblätter leiden häufiger unter Pilzbefall. Rückschnitt befallener Pflanzenteile ist angebracht.

Gänsekresse
Arabis ferdinandi-coburgi
Blütezeit: 4–6.
Blütenfarbe: Weiß.

Wuchshöhe: 8–15 cm.
Boden: Humose Mineralböden.
Vermehrung: Teilung und Stecklinge.
Allgemeines: Anspruchsloser
Bodendecker mit sehr dichten,
grünen Polsterrasen, zur Flä-
chenpflanzung und unter hängenden Nadelgehölzen.

Haselwurz
Asarum europaeum
Blütezeit: 4–5.
Blütenfarbe: Unscheinbar röt-
lichbraun.
Wuchshöhe: 10–12 cm.
Boden: Lockere humose Böden.
Vermehrung: Teilung.
Allgemeines: Ansprechender
Bodendecker unter Gehölzen
und zwischen Steinfugen. Glän-
zend grüne, nierenförmige
Laubblätter, die Blüten stehen
an der Blattunterseite und sind
sehr schwer zu erkennen. Wir-
kungsvoll in Nachbarschaft mit
Alpenveilchen und Buschwind-
röschen, benötigt etwa 15 Mo-
nate, bis Jungpflanzen gut an-
gewachsen sind.

Kaukasusvergißmeinnicht
Brunnera macrophylla
Blütezeit: 4–5.
Blütenfarbe: Blau.
Wuchshöhe: 30–40 cm.
Boden: Humose Mineralböden.
Vermehrung: Teilung, Aussaat.
Allgemeines: Die Staude gehört
mit ihren blauen Blüten mit gel-
bem Schlund zu den auffällig-
sten Frühlingsblühern und

**Das Kaukasusvergißmeinnicht
gehört zu den wichtigsten Frühlingsblühern.**

möchte einzeln oder in kleineren Gruppen stehen, wirkungsvoll in Nachbarschaft mit den
gelben Blüten des Ungarwurz
und den weißen Kerzen der
Schaumblüte. Kurz vor dem
Verblühen schieben die Blätter
nach, sie brauchen viel Platz.

Walddickblatt
Chiastiphyllum oppositifolium
Blütezeit: 6–7.
Blütenfarbe: Gelb.
Wuchshöhe: 12–15 cm.
Boden: Humusreiche Mineral-
böden.
Vermehrung: Teilung und Aus-
saat.
Allgemeines: Wirkt in schattigen
Lagen sehr apart und erinnert
an Mauerpfeffer, der traubige
Blütenstand wirkt sehr anspre-
chend, wirkungsvoll in Nachbar-
schaft mit Sauerklee und Leber-
blümchen. Die fleischigen Blät-
ter bilden flächige Horste.

Zimbelkraut
Cymbalaria muralis
Blütezeit: 4–10.
Blütenfarbe: Blau und weiß, sel-
ten reinweiß.

**Besonders auffällig sind die
Blüten der Schwarzen Akelei,
einer geschützten Wildstaude.**

Der Europäische Frauenschuh gehört zu den seltensten heimischen Orchideen.

Enge Steinfugen werden von den kriechenden Sprossen des Zimbelkrauts besiedelt (links).

Wuchshöhe: 5–8 cm.
Boden: Lockere Mineralböden.
Vermehrung: Aussaat und Stecklinge.
Allgemeines: Wüchsiger Bodendecker mit bis 1 m langen, beblätterten Trieben. Wächst im Schatten von Mauern, durch seine große Anzahl zierlicher Blüten mit langer Blütezeit sehr ansprechend, neigt zum Wuchern, kann aber durch Entfernung größerer Pflanzenteile im Zaum gehalten werden.

Europäischer Frauenschuh
Cypripedium calceolus
Blütezeit: 5–6.
Blütenfarbe: Gelb und braun.
Wuchshöhe: 25–40 cm.
Boden: Humusreiche Mineralböden auf Kalkstein.
Vermehrung: Durch vorsichtige Teilung älterer Horste, Samenvermehrung nur unter sterilen Laborbedingungen erfolgreich.
Allgemeines: Unter strengem Naturschutz stehende Orchidee

europäischer Laubwälder. Die Art zählt zu den größten Seltenheiten naturnaher Steinanlagen. Aus lockeren Horsten treiben die Blütenstände mit 3–5 Laubblättern und einer endständigen Blüte. Wirkungsvoll in Nachbarschaft mit Kleinfarnen, Leberblümchen und Sauerklee, am Standort darf kein Dünger im Boden vorhanden sein, im 1. Jahr Winterschutz durch Abdeckung mit Zweigen.

Königinnen-Frauenschuh
Cypripedium reginae
Blütezeit: 6.
Blütenfarbe: Rot, rosa und weiß.
Wuchshöhe: 35–65 cm.
Boden: Humusreiche Mineralböden.

Vermehrung: Wie beim Europäischen Frauenschuh.
Allgemeines: Wie beim Europäischen Frauenschuh.

Geflecktes Knabenkraut
Dactylorhiza maculata
Blütezeit: 6–7.
Blütenfarbe: Rosa mit weiß.
Wuchshöhe: 35–65 cm.
Boden: Humusreiche Mineralböden.
Vermehrung: Samenvermehrung nur unter sterilen Laborbedingungen, selten spontane Selbstaussaat.
Allgemeines: Aus einer unterirdischen Knolle treibt ein mit 3–6 Laubblättern besetzter Sproß mit Einzelblüten. Sonstiges: siehe Europäischer Frauenschuh.

Elfenblume
Epimedium alpinum
Blütezeit: 4–5.
Blütenfarbe: Gelb.
Wuchshöhe: 25–35 cm.
Boden: Humusreiche Mineralböden.
Vermehrung: Durch Teilung.
Allgemeines: Schöne Wildstaude mit glänzend grünem Laub zur Vorpflanzung vor Gehölze und Dekowurzeln, wirkungsvoll in Nachbarschaft mit Kleinfarnen und Frühlingsgedenkemein, kupferfarbige Herbstfärbung, die Blätter können den Winter über an den Pflanzen verbleiben.

Christrose
Hellorus niger
Blütezeit: 11–3.
Blütenfarbe: Weißlich bis rosa.
Wuchshöhe: 25–35 cm.

Boden: Humusreiche Mineralböden, bevorzugt auf Kalk.
Vermehrung: Teilung und Aussaat.
Allgemeines: Gehört zu den beliebtesten Gartenstauden. Aus dem Horst treiben derbe, glänzend grüne Blätter, die auch im Winter an der Pflanze verbleiben. Dekorative Blüten. Schön im Vordergrund von kleineren Nadelgehölzen, wirkungsvoll in Nachbarschaft mit Alpenveilchen und Leberblümchen.

Leberblümchen

Hepatica nobilis
Blütezeit: 3–4.
Blütenfarbe: Blau, selten rosa oder weiß.
Wuchshöhe: 10–15 cm.
Boden: Humusreiche Mineralböden auf Kalk.
Vermehrung: Teilung und Aussaat älterer Horste.
Allgemeines: Frühblühende Wildstaude, die sich durch ihre frühe Blütezeit und ihr dekoratives Laub mit dem meisten Schattenstauden problemlos

vergesellschaften läßt. Das Laub entwickelt sich kurz vor Ende der Blütezeit und bildet lockere Horste. An zusagenden Standorten kommt es häufig zur Selbstaussaat.

Wachsglocke

Kirengeshoma palmata
Blütezeit: 8–10.
Blütenfarbe: Gelb.
Wuchshöhe: 60–120 cm.
Boden: Humusreiche Mineralböden.
Vermehrung: Teilung und Aussaat alter Horste.
Allgemeines: Durch ihre stattliche Größe entwickelt sich die Wachsglocke zu einem dekorativen Blickfang, besonders während der Blütezeit ist sie sehr eindrucksvoll. Streng aufrechte Triebe mit traubenförmigen Blütenständen.

Schattenblümchen

Maianthemum bifolium
Blütezeit: 5–6.
Blütenfarbe: Weiß.
Wuchshöhe: 6–8 cm.

Boden: Humusreiche Mineralböden.
Vermehrung: Teilung.
Allgemeines: Besonders wirkungsvolle Wildstaude, die durch ihre zarten Blätter und an Maiglöckchen erinnernde Blüten mit vielen Waldpflanzen vergesellschaftet werden kann, zusammen mit Sauerklee können, da sie dichte Matten bildet, kräftige grüne Teppiche gepflanzt werden.

Frühlingsgedenkemein

Omphalodes verna
Blütezeit: 4–6.
Blütenfarbe: Blau, selten weiß.
Wuchshöhe: 12–15 cm.
Boden: Lockere humose Böden.
Vermehrung: Teilung.
Allgemeines: Eine der verbreitetsten Wildstauden für schattige Gartenbereiche, durch das zierliche Erscheinungsbild fügt

Im lichten Schatten der Gehölze blüht die Christrose (links).

Das Schattenblümchen bildet im Humusboden dichte Polster.

sich die Staude gut in verschiedene Nachbarpflanzungen ein. Das Laub entwickelt sich erst während der Blütezeit. Wirkungsvoll in Nachbarschaft mit Schaumblüte.

Salomonssiegel
Polygonatum multiflorum
Blütezeit: 6–7.
Blütenfarbe: Weiß.
Wuchshöhe: 35–100 cm.
Boden: Lockere humose Böden.
Vermehrung: Teilung und Aussaat.
Allgemeines: Heimische Wildstaude mit elegantem Wuchs und überhängenden Blüten, wirkungsvoll in Nachbarschaft mit Kleinfarnen und lockeren Bodendeckern. Die blauen Samenbeeren im Spätsommer wirken dekorativ, ebenso wie die gelbe Herbstfärbung des Sprosses.

Lungenkraut
Pulmonaria angustifolia
Blütezeit: 3–5.
Blütenfarbe: Blau, selten weiße und rote Farbtöne.
Wuchshöhe: 25–30 cm.
Boden: Humusreiche Mineralböden.
Vermehrung: Teilung.
Allgemeines: Großblättrige Wildstaude mit früher und schöner Blüte, gleichzeitig entwickelt sich das Blatt. Bei Mehltaubefall sollten die betroffenen Teile scharf zurückgeschnitten werden.

Gelbes Sternmoos
Sagina subulata 'Aurea'
Blütezeit: 4–7.

Aus den Gebirgen Südosteuropas stammt das Frühlingsgedenkemein.

Eine imposante Wildstaude des lichten Schattens ist der Salomonssiegel.

Blütenfarbe: Weiß.
Wuchshöhe: 2–4 cm.
Boden: Lockere humose Böden.
Vermehrung: Teilung und Stecklinge.
Allgemeines: Moosartige Staude mit interessanter Gelbfärbung der Triebe, sehr wirkungsvoll in engen Steinspalten, Fugen von Pflastersteinen und Trittplatten. Die Triebe breiten sich rasenförmig aus.

Moossteinbrech
Saxifraga Arendsii-Hybriden
Blütezeit: 4–6.
Blütenfarbe: Weiße, rosa und rote Farbtöne, selten gelblich.
Wuchshöhe: 8–15 cm.
Boden: Mineralische Schotterböden.
Vermehrung: Aussaat, Stecklinge und Teilung.
Allgemeines: Fleischige Bodendecker, die aus Rosetten zusammengesetzten Polster werden leider häufig von Amseln zerpflückt, eine Vogelschutzhecke leistet Abhilfe, zur Randpflanzung geeignet.

Porzellanblümchen
Saxifraga umbrosa
Blütezeit: 5–6.
Blütenfarbe: Weiß mit roten Punkten.
Wuchshöhe: 8–12 cm.
Boden: Humusreiche Mineralböden.
Vermehrung: Teilung und Stecklinge.
Allgemeines: Wüchsiger und anspruchsloser Bodendecker, der gern zur Einfassung von Beeten und Gruppenpflanzen verwendet wird. Die Rosetten

Moossteinbreche schmücken sich im April mit einer außergewöhnlichen Farbvielfalt.

Das Porzellanblümchen gehört zu den am weitesten verbreiteten Steinbrecharten (unten).

aus eiförmigen, derben Blättern bilden dichte Polster.

Alpenglöckchen
Soldanella montana
Blütezeit: 4–6.
Blütenfarbe: Blau, selten weiß.
Wuchshöhe: 3–8 cm.
Boden: Humusreiche Mineralböden.
Vermehrung: Teilung und Aussaat.
Allgemeines: Gehört zusammen mit Farnen und Leberblümchen zu den Begleitern winterharter Erdorchideen, für kleine, besondere Pflanzenstandorte. Kreisrunde Blätter an dünnen Stielen, die Blüten sind nickend und auffallend gefranst.

Krötenlilie
Tricyrtis hirta
Blütezeit: 9–11.
Blütenfarbe: Rosa, rot bis violett.
Wuchshöhe: 25–60 cm.

Boden: Humusreiche Mineralböden.
Vermehrung: Aussaat.
Allgemeines: Die exotische Blütenform mit der aparten Zeichnung machen diese Staude zu einer begehrten Steingartenpflanze, im 1. Jahr Winterschutz durch Abdeckung mit Zweigen.

Weiße Elfenblume
Vancouveria hexandra
Blütezeit: 5–6.
Blütenfarbe: Weiß.
Wuchshöhe: 20–30 cm.
Boden: Humusreiche Mineralböden.
Vermehrung: Teilung.
Allgemeines: Ansprechende Stauden zur Unterpflanzung von kleinen Gehölzen, fühlt sich auch in Felsfugen wohl. Zusammengesetzte, nierenförmige Blätter, lockerer Blütenstand mit bizarren Blüten.

Ungarwurz
Waldsteinia geoides
Blütezeit: 4–5.
Blütenfarbe: Gelb.
Wuchshöhe: 15–20 cm.
Boden: Humusreiche Mineralböden.
Vermehrung: Teilung und Stecklinge.
Allgemeines: Die Staude erinnert mit ihren gefiederten Blättern und den Blüten an wilde Walderdbeeren und fügt sich in dichte Staudenpflanzungen gut ein. Idealer Bodendecker auch an trockenen Stellen, Wurzeldruck von Gehölzen wird gut vertragen, übermäßiges Wachstum wird durch Entfernung längerer Sproßtriebe eingedämmt.

Farne

Hufeisenfarn
Adiantum pedatum
Wuchshöhe: 35–50 cm.
Boden: Humusreiche Mineral-
böden.
Vermehrung: Teilung und Spo-
renaussaat.
Allgemeines: Sehr dekorativer
Farn für Einzelstellung. Größere
Blattwedel mit glänzenden
schwarzen Stielen tragen fili-
grane Blättchen und stehen in
dichten Horsten. Die Neutriebe
sind spätfrostgefährdet. Der
Farn liebt enge Felsspalten, wir-
kungsvoll in Nachbarschaft mit
Erdorchideen, Sauerklee und
Schaumblüte.

Mauerraute
Asplenium ruta-muraria
Wuchshöhe: 5–8 cm.
Boden: Humusnester in Stein-
nähe.
Vermehrung: Teilung älterer
Horste, Sporenaussaat.
Allgemeines: Sehr dekorativer
Zwergfarn für engste Fugen in
Trockenmauern. Kleinere gefie-
derte Blattwedel entspringen
aus dichten Horsten, die eng an
den Fels oder an das Substrat
angelagert sind. Wirkungsvoll in
Nachbarschaft mit Moosen,
Steinbrech und Zimbelkraut,
Gruppenpflanzungen.

Rippenfarn
Blechnum spicant
Wuchshöhe: 10–20 cm.
Boden: Lockere humose Böden.
Allgemeines: Die dunkelgrünen,
gerippten Blätter an schwarzen

Stielen liegen dicht am Boden
auf und bilden eine Rosette, aus
der Basis treiben im Sommer
die Blattorgane mit braunen
Sporen. Idealer Farn zur Unterpflanzung von Laubgehölzen in
Verbindung mit höheren Stauden, wie Wachsglocke und Salomonssiegel.

Königsfarn
Osmunda regalis
Wuchshöhe: 40–150 cm.
Boden: Humusreiche Mineralböden.
Vermehrung: Sporenaussaat.
Allgemeines: Aus dem holzigen
Stammtrieb entrollen sich gefiederte, zarte Blattwedel mit rötli-
cher, später grüner Färbung.
Sehr großer einheimischer Farn,
der unter strengem Naturschutz
steht, der Farn wünscht eine
gewisse Bodenfeuchte, daher ist
die Pflanzung in Wassernähe
sinnvoll.

**Die Blattwedel des Hirsch-
zungenfarns schmücken den
Standort auch im Winter.**

**Der Hufeisenfarn gehört zu den
wertvollsten Gartenfarnen.**

**Der Rippenfarn bildet nach eini-
gen Jahren dichte Blatthorste.**

Hirschzunge
Phyllitis scolopendrium
Wuchshöhe: 25–50 cm.
Boden: Lockere Mineralböden.
Vermehrung: Teilung und Sporenaussaat.
Allgemeines: Die wintergrünen, schlanken Blätter stehen dicht gedrängt und bilden kräftige Horste, an der Blattunterseite sitzen braune Sporenreihen. Weit verbreiteter, sehr reizvoller Gartenfarn mit einer Vielzahl von Blattformen, wirkungsvoll in Nachbarschaft mit Erdorchideen, Sauerklee und Schaumblüte.

Engelsüßfarn
Polypodium vulgare
Wuchshöhe: 10–50 cm.
Boden: Humusnester in Felsspalten oder in Rindenfurchen alter Bäume.
Vermehrung: Teilung und Sporenaussaat.
Allgemeines: Wintergrüne, gerippte Farnblätter entspringen einem dicht über dem Boden kriechenden Rhizom und tragen auf der Unterseite punktförmige Sporenbehälter.

Zwiebel- und Knollenpflanzen für Steingärten

Deutscher Name *Lateinischer Name*	Blütenfarbe Blütemonat	Sonstiges
Anemone *Anemone blanda*	hellblau 3–4	Sorten: 'Radar', 'White Splendour'
Aronstab *Arum maculatum*	weißlich-gelb 4–5	in Gruppen pflanzen
Lichtblume *Bulbocodium vernum*	purpurrot 3–4	Horste
Schneeglanz *Chinodoxa luciliae*	blau 3–4	in Gruppen pflanzen
Herbstzeitlose *Colchicum*-Hybriden	weiß, lila, rosa 10–11	Sorten: 'Waterlily', 'The Giant'
Herbstkrokus *Crocus speciosus*	blau 9–10	Horste
Krokus *Crocus tommasinianus*	blau 2–3	in großen Gruppen pflanzen
Alpenveilchen *Cyclamen coum*	rot, rosa 12–4	in Gruppen pflanzen
Winterling *Eranthis hyemalis*	gelb 1–2	in Gruppen pflanzen
Hundszahn *Erythronium dens-canis*	rosa 3–4	Horste
Kaiserkrone *Fritillaria imperialis*	rot 4–5	Horste
Schneeglöckchen *Galanthus nivalis*	weiß 2–3	in Gruppen pflanzen
Iris *Iris danfordiae*	gelb 2–3	Horste
Netzblattiris *Iris reticulata*	dunkelblau 2–3	Horste
Knotenblume *Leucojum vernum*	weiß 3–4	Horste
Türkenbundlilie *Lilium martagon*	rot-weiß 6–7	Horste
Zwerglilie *Lilium pumilum*	rot 6–8	Horste
Traubenhyazinthe *Muscari armeniacum*	blau 4–5	bildet Tuffs
Greigii-Tulpen *Tulipa greigii*	scharlachrot mit gelb 4–5	
Tulpe *T. praestans*	scharlachrot 4–5	mehrblumig

Laubgehölze

Rosenforsythie
Abeliophyllum distichum
Blütezeit: 2–4.
Blütenfarbe: Weißlich-rosa.
Wuchshöhe: Bis 2,25 m hoch und 1,5 m breit.
Boden: Humusreiche Mineralböden.
Allgemeines: Sehr früh blühender, attraktiver Strauch für Randbereiche und vor Nadelgehölzen, schöne Herbstlaubfärbung.

Japanischer Fächerahorn
Acer japonicum 'Aconitifolium'
Blütezeit: 4–5.
Blütenfarbe: Gelblichgrün.
Wuchshöhe: 4 m hoch und 1,5 m breit.
Boden: Humusreiche Mineralböden.
Allgemeines: Die Blätter erinnern an Eisenhut und zeichnen sich durch Frühjahrs- und Herbstfärbung in kupfrigen und roten Farben aus. Durch den leicht überhängenden Wuchs eignet sich das Gehölz zur Randpflanzung. Besonders attraktiv in Wassernähe.

Bärentraube
Arctostaphylos uva-ursi
Blütezeit: 4–6.
Blütenfarbe: Rosaweiß.
Wuchshöhe: Bis 1,5 m hoch und 0,8 m breit.
Boden: Humusnester in Felsspalten.
Allgemeines: Wintergrüner Zwergstrauch mit ledrigen Blättern, die an langen Trieben dicht über Steine und Boden kriechen. Guter Steinfugenbesiedler und zur Unterpflanzung dichter Nadelgehölze geeignet.

Zwergbirke
Betula nana
Blütezeit: 4–5.
Blütenfarbe: Unscheinbar gelblich.
Wuchshöhe: Bis 0,6 m hoch und 1,5 m breit.
Boden: Humusreiche Mineralböden.
Allgemeines: Kriechender Zwergbaum mit dunkelbraunen Trieben und kleinen glänzenden Birkenblättern, schöne Zwergart vor großen Steinen oder als Verbindungselement zu Heidegärten.

Bartblume
Caryopteris × clandonensis
Blütezeit: 7–8.
Blütenfarbe: Blaue bis violette Farbtöne.
Wuchshöhe: Bis 1,2 m hoch und 1 m breit.
Boden: Schotterböden.
Allgemeines: Graubereifte Blätter an dünnen Trieben wirken auch ohne Blüte sehr schön und sind für sonnige, größere Anlagen ein ansprechender Blickfang. Wirkungsvoll in Nachbarschaft mit Katzenminze und Gänsekresse. Rückschnitt im April fördert den Neutrieb.

Alpenwaldrebe
Clematis alpina
Blütezeit: 4–5.
Blütenfarbe: Blau und weiß.
Wuchshöhe: Bis 4 m hoch und 2 m breit.
Boden: Lockere humose Böden.
Allgemeines: Die langen, dünnen, beblätterten Triebe überziehen Gehölze und Steine und wuchern durch die Steinanlage. Scharfer Rückschnitt im Juni fördert einen dichteren Wuchs.

Schöne Blütenvorhänge trägt im Mai die Alpenwaldrebe.

Die Blüten der Scheinhasel erscheinen häufig schon Anfang März.

Der Seidelbast gehört zu den wichtigsten Frühblühern im Steingarten (rechts).

Scheinhasel

Corylopsis pauciflora
Blütezeit: 3–5.
Blütenfarbe: Gelblich.
Wuchshöhe: Bis 4 m hoch und 2,5 m breit.
Boden: Lockere, humose Böden.
Allgemeines: Sehr zeitig blühendes Laubgehölz mit niedlichen, nickenden Blüten und an Haselnuß erinnerndes Laub. Als Verbindungsgehölz zwischen Heidegarten und Steingarten gut geeignet. Wirkungsvoll in Nachbarschaft mit größeren und höheren Nadelgehölzen.

Seidelbast

Daphne mezereum
Blütezeit: 3–5.
Blütenfarbe: Rot und rosa, selten weiß.
Wuchshöhe: Bis 1,8 m hoch und 1,5 m breit.
Boden: Humusreiche Mineralböden.
Allgemeines: Heimisches Waldgehölz mit duftenden Blüten im zeitigen Frühjahr. **Achtung!** Die roten Samenbeeren sind sehr giftig und sollten schon im grünen Zustand von der Pflanze abgenommen und vernichtet werden, wenn der Garten von Kindern genutzt wird. Schönes Verbindungselement zwischen Wildstaudenpflanzungen und Steingarten.

Rosmarin-Seidelbast

Daphne cneorum
Blütezeit: 4–6.
Blütenfarbe: Rot, rosa, selten weiß.
Wuchshöhe: 0,3 m hoch und 0,5 m breit.
Boden: Humusreiche Mineralböden.
Allgemeines: Die am Boden aufliegenden dunklen Triebe tragen schmale grüne Blätter und zieren den Standort auch ohne Blüten. Die Pflanze fühlt sich in engen Felsspalten wohl und ist in Gruppen sehr wirkungsvoll.

Federbuschstrauch

Fothergilla major
Blütezeit: 4–5.
Blütenfarbe: Weiß.
Wuchshöhe: Bis 2,5 m hoch und 1,5 m breit.
Boden: Humusreiche Mineralböden.
Allgemeines: Ein attraktiver Blickfang zur Blütezeit, wenn das Gehölz von weißen, feder-

**Zu den wertvollsten Winter-
blühern zählt die Zaubernuß.**

**Die Alpenrose ist im Alpenraum
weit verbreitet (rechts).**

artigen Blütenständen übersät
ist. Leuchtend rote bis kupferfarbige Herbstlaubfärbung;
wünscht solitären, freien Standort. Schön vor dunklen Steinen,
Mauern und Nadelgehölzgrup-
pen.

Ginster
Genista lydia
Blütezeit: 5–6.
Blütenfarbe: Gelb.
Wuchshöhe: Bis 0,4 m hoch und
0,6 m breit.
Boden: Schotterböden.
Allgemeines: Durch kriechende
Triebe überzieht dieses Gehölz
Mauerkronen mit einem Gewirr
von Zweigen, das zur Blütezeit
mit gelben Blüten übersät ist.

Wirkungsvoll in Nachbarschaft
mit Katzenminze und Gänsekresse.

Zaubernuß
Hamamelis japonica
Blütezeit: 1–4.
Blütenfarbe: Gelb.
Wuchshöhe: Bis 2,5 m hoch und
3 m breit.
Boden: Lockere Mineralböden.
Allgemeines: Ohne Zweifel einer
der schönsten Winterblüher mit
attraktiven gelben Blüten an
blattlosen Zweigen. Das im
Frühjahr erscheinende Laub
erinnert an Haselnuß. Guter
Hintergrundbildner.

Jasmin
Jasminum nudiflorum
Blütezeit: 11–3.
Blütenfarbe: Gelb.
Wuchshöhe: Bis 0,6 m hoch und
1,5 m breit.
Boden: Lockere Mineralböden.
Allgemeines: Lange, dünne

Triebe kriechen über Steine,
hängen von Mauerkronen oder
klettern an Gehölzen und Steinen empor, auffallender Winterblüher für exponierte Standorte,
z.B. auf Steinkronen oder vor
großen Steinen, scharfer Rückschnitt im Sommer fördert den
Neutrieb.

Zwergmandel
Prunus tenella
Blütezeit: 4–5.
Blütenfarbe: Rot und rosa, selten weiß.
Wuchshöhe: Bis 0,5 m hoch und
1 m breit.
Boden: Mineralische Schotterböden.
Allgemeines: Aus unterirdischen
Trieben wachsen dunkle Zweige
mit dunkelgrüner Belaubung
empor, am alten Holz entwik-
keln sich schon im zeitigen
Frühjahr Blütenknospen, die
sich zu ansehnlichen Blüten entwickeln. Zur Steinfugenbepflan-

zung geeignet, wirkungsvoll in Nachbarschaft mit Seifenkraut und Blaukissen. Entfernung von Trockenholz im Winterhalbjahr fördert gesunden Jungtrieb.

Rostblättrige Alpenrose
Rhododendron ferrugineum
Blütezeit: 4–6.
Blütenfarbe: Rosa und rot.

Die Kätzchenblüten der Zwergweide sind zur Blütezeit ein Blickfang.

Wuchshöhe: Bis 0,6 m hoch und 1 m breit.
Boden: Humusnester im Kalkstein.
Allgemeines: Einheimische Rhododendronart aus europäischen Hochgebirgen, wintergrünes Zwerggehölz. Wirkungsvoll in Nachbarschaft mit großen Farnen im lichten Schatten der Gehölze.

Bewimperte Alpenrose
Rhododendron hirsutum
Blütezeit: 5–7.
Blütenfarbe: Rosa und rot.

Wuchshöhe: Bis 0,8 m hoch und 1,2 m breit.
Allgemeines: Einheimische, immergrüne Rhododendronart mit purpurrosa Blüten.

Zwergweide
Salix hastata 'Wehrhahnii'
Blütezeit: 4–5.
Blütenfarbe: Gelbe Pollenbehälter und auffallend weiße Kätzchenblüten.
Wuchshöhe: Bis 1,2 m hoch und 1,5 m breit.
Boden: Lockere Mineralböden.
Allgemeines: Dünne, hellbraune Triebe tragen lockere Zweige, die im Frühjahr sehr dekorative Kätzchen zeigen, schönes Verbindungselement zwischen Stein- und Heidegarten.

Seidelbast und Weiden für den Steingarten

Seidelbast
Daphne cneorum
'Ecimia', 25 cm, rosa
'Pygmaea', 5 cm, rosa
'Pygmaea Alba', 5 cm, weiß

D. glandulosa, 30 cm, hellkarminrot
D. julia, 35 cm, rosa, rot
D. petrea, 10 cm, karminrot
D. sericea, 35 cm, lachsrosa

Weiden
Salix arbuscula 'Humilis', 5 cm
S. × boydll, 30 cm
S. × grahamii, 30 cm
S. herbacea, 2–5 cm
S. reticulata, 5 cm
S. retusa, 25 cm
S. serpillifolia, 8 cm
S. × simulatrix, 30 cm

Nadelgehölze

Zwergige Balsamtanne

Abies balsamea 'Nana'
<u>Wuchshöhe:</u> Bis 0,6 m hoch und 0,8 m breit.
<u>Boden:</u> Lockere Mineralböden.
<u>Allgemeines:</u> Zwergkonifere mit flachkugeligem Wuchs und dun-kelgrüner Benadelung. In kleinen Gruppen wirkungsvoll, ganz besonders in Nachbarschaft von größeren Steingruppen.

Blaue Kissenzypresse

Chamacyparis lawsoniana 'Minima Glauca'
<u>Wuchshöhe:</u> Bis 0,6 m hoch und 0,4 m breit.

<u>Boden:</u> Humusreiche Mineralböden.
<u>Allgemeines:</u> Kompakt und flachkugelig wachsende Zwergkonifere mit blaugrünen Schuppennadeln, kann durch Schnittmaßnahmen zu schönen Formen erzogen werden. Wirkungsvoll in Nachbarschaft mit gelbnadeligen Eiben und Zypressen. Ideal auch für Tröge und andere Gefäße.

Muschelzypresse

Chamacyparis obtusa 'Nana Gracilis'
<u>Wuchshöhe:</u> Bis 0,8 m hoch und 0,6 m breit.
<u>Boden:</u> Humusreiche Mineralböden mit Lehmanteil.
<u>Allgemeines:</u> Kugelförmig wachsende Zwergkonifere mit muschelförmig gedrehten Zweigen und tiefgrünen Schuppennadeln, durch Schnittmaßnahmen zu bonsaiartigen Gestalten erziehbar. Braucht Einzelstellung.

Gelbe Fadenzypresse

Chamacyparis pisifera 'Filifera Aurea Nana'
<u>Wuchshöhe:</u> Bis 0,8 m hoch und 0,8 m breit.
<u>Boden:</u> Lockere Mineralböden.

Im Alter zeigt die zwergige Balsamtanne eine ansprechende Wuchsform.

Allgemeines: Kugelförmige Zwergkonifere mit hochgewölbtem Wuchs und gelben Nadeln. Wegen des überhängenden Wuchses eignet sich das Gehölz zur Randpflanzung größerer Steine und Dekowurzeln.

Kriechender Säulen- wacholder
Juniperus communis 'Hornibrookii'
Wuchshöhe: Bis 0,3 m hoch und 2 m breit.
Boden: Lockere Mineralböden mit hohem Humusanteil.
Allgemeines: Flachkriechende Zwergkonifere, eine besondere Wuchsform des schlanken Säulenwacholders. Frischgrüne, stechende Benadelung mit silbrigem Rand, schön über Felsen und Steine kriechend, durch Schnitt formbar.

Blauer Strauchwacholder
Juniperus chinensis 'Blaauw'
Wuchshöhe: Bis 0,8 m hoch und 0,4 m breit.
Boden: Humusreiche Mineralböden.
Allgemeines: Schmal trichterförmig wachsende Kleinkonifere mit dichten, graublauen Nadelschuppen, gut schnittverträglich, wirkungsvoll in kleinen Gruppen.

Blauer Teppichwacholder
Juniperus horizontalis 'Glauca'
Wuchshöhe: Bis 0,3 m hoch und 2 m breit.
Boden: Lockere Mineralböden.
Allgemeines: Flachkriechende Zwergkonifere mit dichter Verzweigung und schuppenförmiger, anliegender, stahlblauer Benadelung. Wertvolles und attraktives Nadelgehölz.

Erst im Alter erreicht die Gnomenfichte ihr gedrungenes Erscheinungsbild.

Der Blaue Teppichwacholder besiedelt auch enge Steinspalten (links).

Blauer Wacholder
Juniperus squamata 'Blue Star'
Wuchshöhe: Bis 0,3 m hoch und 1 m breit.
Boden: Lockere Mineralböden.
Allgemeines: Dichtbuschige, kompaktwachsende Zwergkonifere mit stechender Benadelung und silbrigblauer Färbung. Besonders attraktiv in kleinen Gruppen.

Igelfichte
Picea abies 'Echiniformis'
Wuchshöhe: Bis 0,5 m hoch und 1 m breit.

Boden: Lockere Mineralböden.
Allgemeines: Kompakte Zwergkonifere mit kugelförmigem
Wuchs und graugrüner Benadelung. Schön in engen Steinspalten, durch Schnittmaßnahmen
zu bonsaiartigen Gestalten
erziehbar.

Blaue Pummelfichte
Picea abies 'Pumila Glauca'
Wuchshöhe: Bis 0,8 m hoch und
0,6 m breit.
Boden: Lockere Mineralböden.
Allgemeines: Flache, kugelförmige Kleinkonifere mit kom-
pakten, dichten Trieben und
bläulichgrüner Benadelung, sehr

**Zwergwüchsige Kiefern vermit-
teln ein ursprüngliches, natürliches Steingartenbild.**

schnittverträglich, wirkungsvoll
bei Einzelstellung.

Gnomenfichte
Picea abies 'Pygmaea'
Wuchshöhe: Bis 0,7 m hoch und
0,8 m breit.
Boden: Lockere Mineralböden.
Allgemeines: Breite, kugelför-
mige Zwergkonifere mit spiralig
angeordneten, frischgrünen
Nadeln, Einzelstellung vor grö-
ßeren Steinen.

Krummholzkiefer
Pinus mugo pumilo
Wuchshöhe: Bis 0,4 m hoch und
2 m breit.
Boden: Lockere Mineralböden.
Allgemeines: Flachkugelige
Zwergkonifere mit dichter Ver-
zweigung und tiefgrünen
Nadeln, gute Schnittverträglich-
keit, wirkungsvoll in kleinen
Gruppen.

Blaue Zwergkiefer
Pinus pumila 'Glauca'
Wuchshöhe: Bis 0,5 m hoch und
1 m breit.
Boden: Schotterböden.
Allgemeines: Bogig aufrecht-
wachsende Zwergkonifere mit
kriechenden Trieben und silbrigblauer Benadelung. Sehr an-
spruchsvolle Wuchsform, die
durch Schnittmaßnahmen ge-
fördert werden kann.

Eibe
Taxus baccata 'Summergold'
Wuchshöhe: Bis 0,8 m hoch und
2 m breit.
Boden: Lockere Mineralböden.
Allgemeines: Flach ausgebrei-
tete Wuchsform zeichnet diese
Kleinkonifere aus, die Äste und
Zweige stehen streng waage-
recht und tragen leuchtend-
gelbe Nadeln, im Winter zeigt
sie eine bronzeartige Färbung.

Besonders zwergwüchsig und gedrungen ist die Zwerg-Hemlockstanne.

Hervorragend schnittverträglich, Einzelstellung.

Alpenländischer Lebensbaum

Thuja occidentalis 'Danica'
Wuchshöhe: Bis 0,4 m hoch und 0,5 m breit.
Boden: Lockere Mineralböden.
Allgemeines: Flachkugelförmige Zwergkonifere mit tiefgrünen, schuppenförmigen Nadeln, wirkungsvoll in kleinen Gruppen, gute Schnittverträglichkeit.

Zwerg-Hemlockstanne

Tsuga canadensis 'Jeddeloh'
Wuchshöhe: Bis 0,6 m hoch und 0,8 m breit.
Boden: Humusreiche Mineralböden.
Allgemeines: Kissenförmig wachsende Kleinkonifere mit nestartiger Vertiefung der Basis.

Die frischgrünen Nadeln stehen an dicht gedrängten Trieben und wachsen nickend. Sehr wirkungsvoll in größeren Steingruppen, gute Erziehungsmöglichkeit durch Schnittmaßnahmen.

Weitere Nadelgehölze

Abies doreana 'Silberzwerg',
60 cm, graugrün
Cedrus deodara 'Eisregen',
100 cm, hell blaugrau
Chamaecyparis obtusa 'Goldlocks',
100 cm, goldgelb
Juniperus communis 'Berkshire',
80 cm, dunkelgrün
Larix kaempferi 'Blue Dwarf',
100 cm, blaugrün
Picea glauca 'Sanders Blue',
100 cm, dunkelblau
P. sitchensis 'Silberzwerg',
80 cm, silbriggrün
Pinus mugo 'Jakobson',
50 cm, dunkelgrün
P. m. 'Yaffel Hill',
40 cm, dunkelgrün
Tsuga canadensis 'Cloude Prune',
40 cm, bizarrer Wuchs
T. c. 'Rugg's Washington Dwarf',
40 cm, flacher Wuchs

Durch Schnittmaßnahmen können nen alle Eiben im Steingarten zu Zwergen geformt werden.

Wasser im Steingarten

Interessante Gestaltungsmöglichkeiten bietet ein Steingarten, der als Hintergrund eines Gartenteiches aufgebaut wird. Das Steinmaterial geht dann nahtlos in die Wasserfläche über und wird nur durch einen Kiesrand und durch Trittplatten abgetrennt. Solche Standorte sollten besonnt sein. Größere Laubbäume oder laubabwerfende Nadelgehölze werden dagegen in genügendem Abstand plaziert. Zuviel Fallaub wird weder vom Teich noch von der Steingartenanlage vertragen. Landschaftliche Vorbilder findet man an Wasserflächen von Stauseen im Mittelgebirge oder an natürlichen Wasserläufen im Gebirge. Besonders reizvoll wirken Bachläufe, die aus dem Steingarten in die Wasserfläche laufen.

Der Steingarten als Hintergrund eines Teiches entsteht häufig als Produkt des Bodenaushubs, der bei der Auskofferung der Wasserfläche anfällt. Solche Aushubkerne in Teichnähe müssen stärker verdichtet werden, um Ausschwemmung von Feinerde in den Teich zu verhindern. Wichtig ist eine Trennung zwischen Uferrand und Steinanlage. Sie kann durch eine Kiesschicht hergestellt werden. Die Korngröße sollte 2–8 mm betragen. Diese Kiesschicht wirkt wie ein Filter und leitet nach starken Regenfällen gefiltertes Oberflächenwasser in den

Teich. Der Rand zwischen Wasser und Steinanlage sollte, um ihn besser pflegen und betrachten zu können, begehbar sein. Hier haben sich Natursteinabdeckplatten in Verbindung mit verschieden großen Kieselsteinen als geeignet und optisch ansprechend bewährt. Damit die Trittsteine bei Frosteinwirkung nicht hochfrieren und abrutschen, sollten sie mit einem erdfeuchten Zement-Sand-Gemisch im Verhältnis 1:3 verlegt werden. Die Zwischenräume zwischen den Trittplatten kann man mit einer Kiesschüttung der Größe 16–32 mm versehen. Neben einer Filterwirkung übernimmt der Kies auch die gleichmäßige Feuchtigkeitsleitung zwischen dem Wasser und der Steinanlage. Durch die Sogwirkung des Substrats wird über den Kies ständig Feuchtigkeit aus der Anlage entnommen. Besonders in der warmen und trockenen Jahreszeit kann es also zu größeren Wasserverlusten kommen. Nicht selten können in zwei Tagen bis zu 10% der Wassermenge von dem Substrat aufgesaugt werden. Nach vollständiger Sättigung des Uferrandes und be-

nachbarter Schichten läßt der Wasserverlust jedoch schlagartig nach.

Will man diesen Effekt nicht vermeiden, kann man Teich und Steinanlage durch eine zusätzliche Folie voneinander trennen. Uferrandpflanzen und Pflanzen feuchter Steingartenteile entwickeln sich aber deutlich besser, wenn die Dosierung des Wassers durch die natürliche Sogkraft reguliert wird. Für die Bepflanzung feuchter Uferränder und Steinanlagen eignen sich Astilbe *(Astilbe chinensis)*, Sumpfdotterblume *(Caltha palustris)*, Wiesenschaumkraut

Ein Wasserlauf fügt sich harmonisch in den Steingarten ein.

(Cardamine pratensis), Schach-brettblume *(Fritillaria melegaris)*, Pfennigkraut *(Lysimachia nummularia)*, Vergißmeinnicht *(Myosotis caespitosa)*, Sumpf-herzblatt *(Parnassia palustris)*, Primelarten *(Primula florindae, P. helodoxa, P. rosea)* und Troll-blume *(Trollius europaeus)*. Der Wassereinlauf in einen Garten-teich kann durch einen künstli-chen Gebirgsbach sehr reizvoll und natürlich wirken. Dich-tungsfolien haben sich hier bewährt. Das Wasser wird durch eine Pumpe aus dem Teich in den Bach gepumpt. Die Folie kann mit feinem Kies der Korn-

größe 2–8 mm abgedeckt wer-den. Durch leichtes Gefälle und einige Staustufen schafft man einen lebhaft plätschernden Bach. Damit an der Dichtungs-folie keine Schadstellen durch spitze Steine oder andere Fremdkörper auftreten, trägt man unter der Folie eine etwa 5 cm starke Schutzschicht aus feinem Sand auf.
Doch auch wenn kein Feucht-biotop, Gartenteich oder Bach-lauf vorhanden ist, braucht man auf Wasser in der Steinanlage nicht zu verzichten. Durch den Einbau von Kunststoffmörtel-wannen kann man mit einfa-

chen Mitteln kleine Wasserstel-len schaffen. In Baustoffhand-lungen werden solche Wannen meist in runder oder rechtecki-ger Form mit einem Fassungs-vermögen von 90–150 l ange-boten. Der vorgesehene Stand-ort sollte vollsonnig sein. Für den Einbau hebt man ein Loch aus, das im Schnitt 20 cm tiefer und 20 cm breiter ist als die eigentliche Wanne. Den Unter-grund füllt man mit einer ca. 5 cm starken Sandschicht voll und verdichtet ihn. Nun wird die Wanne eingebracht und mit Hilfe einer Wasserwaage aus-gerichtet. Anschließend wird der Hohlraum zwischen Erdreich und Wanne mit Sand verfüllt und festgestampft. Auf den Boden der Wanne füllt man Kies. Die Wassertiefe kann zwi-schen 25 und 30 cm schwan-ken. Die Kante zwischen Wanne und Erdreich wird mit Kiesel-steinen oder Gesteinsmaterial in Plattenform abgedeckt. Nun bringt man in Containern kulti-vierte Wasserpflanzen in die Wanne ein. Selbst für kleinste Wassergefäße eignen sich Froschlöffel *(Alisma plantago aquatica)*, Schwanenblume *(Butomus umbellatus)*, Frosch-biß *(Hydrocharis morsus-ranae)*, Tannwedel *(Hippuris vulgaris)*, Fieberklee *(Menyanthes trifo-liata)* und Pfeilkraut *(Sagittaria sagittifolia)*. Ein Stück Wurzel-werk oder ein dekoratives Ast-teil sollten in das Wasser hinein-ragen, das als Ausstiegshilfe von Tieren, die ins Wasser ge-fallen sind, benutzt werden kön-nen.

Der Steingarten als Dachbegrünung

Besonders kleine Dachflächen von Müllboxen, Gartenschuppen und Garagen können zu ansprechenden Kleinsteingärten gestaltet werden. Grundvoraussetzung ist eine ausreichende Tragkraft der Dachkonstruktion. Neben der Schneelast, die mit etwa 70 kg/m^2 kalkuliert wird, sollte noch eine Toleranz von 100–250 kg/m^2 vorhanden sein, um ansprechende Steingartenbilder auf diesen Flächen zu schaffen.

Bevor man mit der Begrünung beginnt, sollte man die genaue Tragfähigkeit ermitteln. Die Hersteller von Müllboxen, Gartenhäusern und Garagen können hierüber Auskunft geben. Im Zweifelsfall sollte die Beurteilung eines Statikers eingeholt werden, um mögliche Risiken auszuschließen. Nachdem die Tragfähigkeit der Dachkonstruktion gewährleistet ist, kann man mit den Vorbereitungen beginnen. Als Abdichtungsmaterial eignen sich PVC- und PE-Folien. Stärken zwischen 1 und 1,5 mm sind geeignet. Die Dachränder werden mit Hilfe einer Holzkonstruktion zwischen 10 und 15 cm erhöht. Gehobelte Lärchenholzbretter sind wetterfest und daher besonders geeignet. Nachdem die Dachoberfläche mit einem Besen gereinigt wurde, kann mit der Verlegung der Dichtungsfolie begonnen

werden. Die Folie wird mit Hilfe einer Holzleiste mit Metallklammern an den Holzwandungen der Randeinfassung befestigt. Sie muß am Dach dicht anliegen. Auf die Folie wird ein Schutzvlies aufgelegt. Es verhindert die Durchwurzelung der Dichtungsfolie. Solche Vliese bestehen meist aus Glasfaser. Gut geeignet sind Vliese mit einem Gewicht zwischen 400 und 600 g/m^2. Aber auch Filzbahnen können verwendet werden. Auf diese Schutzschicht wird eine mineralische Drän- oder Filterschicht aufgebracht. Bimskies oder Blähton sind ideal und werden 4–6 cm mächtig aufgebracht. Diese Schicht verhindert die Vernässung des aufliegenden Kultursubstrats. Das Kultursubstrat kann direkt auf die Dränschicht aufgebracht werden. Einige Dachbegrüner verlegen zwischen Dränschicht und Kultursubstrat noch eine Trennschicht, die aus Glasfaser besteht. Dieses Gewebe verhindert die totale Durchwurzelung der mineralischen Dränschicht. Das Kultursubstrat wählt man nach der vorgesehenen Bepflanzung; es unterscheidet sich nicht von den gewohnten Steingartensubstraten. Je nach Auswahl der Vegetation sollte das Substrat 6–15 cm mächtig aufgebracht werden. Mit Hilfe

Extensive Dachbegrünung mit Mauerpfefferarten, ein Steingartenthema auf dem Dach.

von Trittplatten, auf der Oberfläche des Substrats verlegt, kann das Dach begehbar gemacht werden. Je nach Belastbarkeit können jetzt noch Dekorationssteine in die Anlage ein-

Anzahl liegt zwischen 18 und 50 Stück/m^2. Die Pflanzung erfolgt mit Hilfe eines stumpfen Pflanzholzes. Auf keinen Fall sollte eine Pflanzschaufel verwendet werden. Durch unsachgemäße Handhabung kann schnell die Dachdichtung verletzt werden. Nach Abschluß der Pflanzung wird die Dachfläche intensiv angegossen. Das Vegetationssubstrat setzt sich dann durch die Feuchtigkeit etwas ab. Zwischen den Stauden, Trittplatten und Dekosteinen kann abschließend eine 1–3 cm dicke Mulchschicht aufgebracht werden. Auf Flachdächern hat sich Blähschiefer, Bimskies und Lecaton gut bewährt. Hat das Dach eine leichte Neigung, kann es besonders in den ersten Wochen nach der Pflanzung bei starken Niederschlägen zur Abspülung der Vegetationsschicht und der Pflanzen kommen. Aus diesem Grund sollte man in den ersten 6–8 Wochen immer eine Abdeckfolie parat haben, um die Pflanzung bei starken Niederschlägen abzudecken.

Die günstigste Zeit für die Durchführung einer Dachbegrünung sind die Monate März bis Juni und Ende August bis Ende November. Während der Hartfrostphasen und der sommerlichen Hitze sollte keine Dachbegrünung gestaltet werden. Bei Herbstpflanzungen ist im ersten Winterhalbjahr eine Schutzschicht aus Fichtenzweigen sinnvoll. Trockene Pflanzenteile und Samenstände werden erst im Frühjahr beseitigt.

gebaut werden. Besonders gut sichtbare Dachflächen sollte man mit ansprechenden Steingartenpflanzen wie Mannsschild *(Androsacc)*, Gänsekresse *(Arabis)*, Glockenblumen *(Campanula)*, Nelken *(Dianthus)*, Seifenkraut *(Saponaria)*, Steinbrech *(Saxifraga)*, Fettblatt *(Sedum)*, Dachwurz *(Sempervivum)*, Leimkraut *(Silene)* u.v.a. bepflanzen. Dachflächen, die nur schwer einzusehen sind, können eher mit Schwingelgras *(Festuca)*, Rispengras *(Poa)* und Mauerpfeffer *(Sedum)* begrünt werden. Bevor man mit der Pflanzung beginnt, sollten alle Stauden auf das Dach ausgelegt werden. Die Stauden für Dachbegrünungen werden in der Regel in Kleinballentöpfen herangezogen. Die Größe der Ballen schwankt zwischen 3 und 6 cm Durchmesser. Daher schwankt auch die Zahl der Pflanzen, die auf einen Quadratmeter gepflanzt werden. Die

Miniatursteingärten in Trögen und Schalen

Für Pflanzenliebhaber ohne eigene Gartenflächen sind alte Steintröge, Steingutgefäße, Terrakottagefäße und andere Pflanzbehältnisse aus Beton, Holz oder Kunststoff ein Ersatzstandort für die artgerechte Kultur von Gebirgspflanzen. Besonders Steinfuttertröge, Tränken oder Ausgußsteine aus Naturstein sind ideale und zudem sehr dekorative Pflanzgefäße für alpine Gehölze und Stauden. Der Wert dieser teilweise sehr alten Tröge ist in den letzten Jahren rapide angestiegen. Alte Steintröge sind rar und teuer, sie werden heute zu horrenden Preisen als Antiquitäten gehandelt. Aber auch Steingutgefäße und frostharte Terrakotta- und Tongefäße sind für

die Nachempfindung von Kleinstgärten geeignet. Mögliche Standorte solcher Steinanlagen in Kleinformat sind Balkone, Terrassen, Hauseingänge und andere Flächen, die gut einsehbar sind. Sogar auf Dachgärten und Fenstersimsen werden Zwergsteingärten in Trögen, Schalen und Kästen gestaltet. Neben der Frosthärte des Materials ist ein funktionierender Wasserabfluß für eine erfolgreiche Bepflanzung unerläßlich. Alle Gefäße, die zu einem Steingartenthema gestaltet werden, müssen Wasserabzugslöcher in geeigneter Größe und Zahl aufweisen. Bei einem Trog von 60 cm Kantenlänge sollten mindestens 3–5 Löcher mit einem Durchmesser von 1–2 cm vor-

handen sein. Durch Auflage von Tonscherben oder gewölbten Steinen wird eine Verstopfung des Wasserabzugslochs durch Feinerde oder Wurzelwerk verhindert. Die Höhe des zu bepflanzenden Gefäßes entscheidet auch immer über die Mächtigkeit der Drainschicht. Erfahrungsgemäß sollte die Drainschicht aus grobem Kies wie Bimskies, Schotter oder Blähton bestehen und etwa 25–40% der Gesamthöhe ausfüllen. Auch Materialmischungen zwischen Blähton, Bimskies und Schotter sind geeignet. Sollten in das Gefäß besonders frostempfindliche Gehölze, Stauden oder Zwiebelarten eingebracht werden, empfiehlt es sich, wasserfeste Styroporplatten an den Innenwänden des Gefäßes anzubringen. Die Einbringung erfolgt sinnvollerweise vor der Einfüllung der Drainschicht. Durch den Druck des Drainmaterials und des Vegetationssubstrats wird die Isolierplatte an die Wandungen angedrückt, so daß eine zusätzliche Befestigung nicht erforderlich ist. Notfalls kann man auch mit einem handelsüblichen Kunststoffkleber die Gefäßinnenwand und die Isolierung miteinander verbinden.
Das Vegetationssubstrat ist abhängig von der gewünschten Bepflanzung des Gefäßes. Tröge aus basischen Sedimenten wie

Artenreich bepflanzter Kunststeintrog als Zwergsteingarten gestaltet.

Kalksandstein oder Kalkstein sollten immer mit basischen Substraten verfüllt werden und mit kalkverträglichen Pflanzen versehen werden. Das gleiche gilt auch für physiologisch saure Gesteine. Hier eignen sich Tröge aus Granit oder Gneis zur Bepflanzung mit Arten, die saure Böden benötigen. Erfahrungsgemäß lieben die allermeisten Gehölz- und Staudenarten, die für eine Trogbepflanzung geeignet sind, basische Erdzusammensetzungen. Bei größeren Gefäßen kann man noch Dekorationssteine einbauen. Dafür kommen aber nur dekorative und ausgewählte Einzelstücke in Frage. Kalktuff mit vielen kleinen Vertiefungen beispielsweise wirkt sehr ansprechend. Die Steine werden tief in das Pflanzgefäß eingebaut, damit sie festliegen und nicht herausfallen können. So kann man mit einigen wenigen Steinen eine reizvolle Steinlandschaft nachempfinden. Zwischen den Fugen der Steine wird Pflanzsubstrat nachgefüllt und unter leichtem Druck verdichtet. Das Pflanzsubstrat sollte etwa bis 2 cm unter den Rand des Gefäßes aufgefüllt werden. Bei der Bepflanzung hat man wie immer die Qual der Wahl. In den Gefäßen kann man nämlich ganze Pflanzensammlungen eines bestimmten Vegetationsgebietes unterbringen, z.B. die Vegetation der Nördlichen Kalkalpen, des Gardaseegebietes, der Karpaten, des Kaukasus oder vielen anderen Florengebieten.

Alpine Zwerggehölze und Stauden kommen in Trögen sehr wirkungsvoll zur Geltung.

Für die Gefäßbepflanzung eignen sich besonders Stauden und Gehölze aus Kleintöpfen. Kleinere Wurzelballen lassen sich einfacher in enge Pflanzfugen einbringen. Nachdem man die Stauden und Gehölze an den vorgesehenen Standorten ausgelegt hat, beginnt die Pflanzung. Mit Hilfe eines kleinen Pflanzholzes oder einer ausgedienten Küchengabel werden die Pflanzlöcher ausgehoben. Gehölze und Stauden werden fest angedrückt und die Ballen mit Hilfe kleiner Bimsteile oder Kiese fest mit dem Substrat verkeilt. So wird verhindert, daß durch Substratsetzung der Ballen freiliegt und austrocknet. Nach der Pflanzung werden sämtliche Etiketten in einer Richtung so neben den Pflanzen eingebracht, daß nur noch ein winziger Teil zu sehen ist. Die Restfläche zwischen Gefäßwand, Dekosteinen und Pflanzen wird mit einer 2–3 cm mächtigen

Mulchschicht abgedeckt. Die Mulchschicht sollte aus dem gleichen Material wie die Dekosteine bestehen. Dadurch wirkt die Gesamtoberfläche größer. Solche Gefäße können neben zwergigen Gehölzen und Polsterstauden auch Kleinformen von Zwiebel- und Knollenpflanzen aufnehmen. Man kann auch ohne großen Aufwand »Bonsaifiguren« aus Gehölzen gestalten. Alte, knorrige Äste und Wurzelteile können zwischen den Gehölzen eingefügt werden und vermitteln so Bilder gewachsener Altersstruktur.
Der Pfleger hat solche Gefäße außerdem immer in Blicknähe. Stehen Tröge und Schalen erhöht, entfällt das lästige Bücken bei Pflegearbeiten. Daher sind erhöhte Pflanzgefäße be-

Dauerhaft bepflanzte Schalen lassen sich ansprechend in Steinanlagen einfügen.

sonders für Behinderte und ältere Steingartenfreunde ideale Ausweichstandorte, um ihrem Hobby nachzugehen. Nach der Pflanzung muß intensiv angegossen werden. Die Wasserversorgung muß man bei solchen Miniaturgärtchen sorgfältig beobachten. Anders als bei der Steinanlage im Garten wird Wasser auch durch die porösen Seitenwände und durch die Bodenplatte verdunstet, gerade wenn der Trog oder die Schale erhöht steht. Nur Steingut- und Betongefäße haben eher eine eingeschränkte Verdunstung. Terrakotten, Naturstein- und Tongefäße dagegen benötigen durch den beschränkten Wurzelraum häufigere Wassergaben. An heißen Standorten, wie schattenlose Südseiten in voller Sonne, können tägliche Wassergaben notwendig sein. Man muß hier durch genaues Beobachten einen Bewässerungsrhythmus finden. Schon eine kurzfristige Austrocknung des

Wurzelballens ist für die meisten Zwerggehölze tödlich oder führt zu schweren Wachstumsstörungen. Besonders bei Nadelgehölzen wird ein Trockenschaden nicht sofort sichtbar und äußert sich je nach Gattung erst nach Tagen oder gar Wochen durch Verfärbung der Nadeln und Nadelabwurf. Neben der direkten Bewässerung lieben die meisten Trogbewohner über einen längeren Zeitraum eine Erhöhung der Luftfeuchtigkeit. Durch Versprühen von Wasser über dem Trog kann man diese besonders an heißen Tagen erhöhen.
Gefäße, die mit nässeempfindlichen Gattungen bepflanzt wurden, können auch zeitweise Trockenphasen vertragen. Bei Dauerregen und Kältewetter sollten Sukkulentenpflanzungen jedoch durch einen Überbau mit Glas und Folie vor Nässe geschützt werden. Kleinere Schalen und Gefäße können leicht transportiert und geschützt auf-

gestellt werden. In England hat sich die Troggestaltung zu hoher Perfektion entwickelt. Häufig unterhalten begeisterte Steingartenfreunde neben ihrem Steingarten ganze Trogsammlungen. Mit Trogsteinen lassen sich auch vorzüglich Wegeflächen einfassen oder Sitzplätze abtrennen.
Da alte Tröge meist unerschwinglich teuer sind, kann man Tröge aus Naturstein selber behauen. Gut geeignet erscheinen alte Mauer- und Fundamentsteine aus Kalk- und Sandstein. Mit Hilfe einer Schlagbohrmaschine werden dann in die Steinoberfläche im Abstand von 1–2 cm Löcher in den Stein gebohrt. Durch diese Bohrungen wird die auszuarbeitende Steinfläche, von der späteren Pflanzfläche abgegrenzt. Die Bohrungen sollten etwa 4–6 cm tief sein. Mit Hilfe eines geschärften Steinmeißels und einem schweren Hammer wird nun Bohrung für Bohrung zur Mitte hin aufgemeißelt, bis eine Vertiefung entsteht. Schicht für Schicht wird so ausgehöhlt. Tiefen ab 15 cm sind bereits bepflanzbar. Nachdem die gewünschte Tiefe für die Pflanzfläche erreicht ist, wird der Stein nun umgedreht und von oben nach unten durchgebohrt. Diese Bohrgänge dienen als Wasserabzug. Mit einem 6 oder

8 mm Steinbohrer wird vorgebohrt und mit einem größeren Bohrer das Bohrloch erweitert. Bei der Arbeit mit der Bohrmaschine, Hammer und Meißel müssen unbedingt eine Schutzbrille, Arbeitssicherheitsschuhe und Handschuhe getragen werden. Außerdem muß Vorsorge getroffen werden, daß andere Personen durch umherfliegende Steinteile nicht verletzt werden und Gegenstände keinen Schaden nehmen. Auf diese Weise läßt sich ohne großen Kostenaufwand nach und nach eine ansehnliche Trogsammlung aufbauen. Aber auch aus Torf, Sand, Zement und Wasser lassen sich Pflanzgefäße herstellen. Voraussetzung ist

Friedliche Koexistenz statt Verdrängungswettbewerb – alpine Zwergstauden auf engstem Raum.

der Bau einer Einschalung aus Holz oder Hartkarton, der dann mit einem Gemisch aus den oben genannten Materialien ausgegossen wird. Der Pflanzhohlraum wird durch einen Styroporblock ausgespart. Ein ideales Mischverhältnis für diesen »Torfbeton« ergibt sich aus drei Teilen Torf, zwei Teilen Sand und drei Teilen Zement. Unter Hinzugabe von Wasser wird das Gemisch so befeuchtet, daß eine zäh-breiige Masse entsteht. Nach 5–7 Tagen kann die Schalung vorsichtig abgelöst werden. Die glatten Kanten werden mit Hilfe einer Drahtbürste angerauht. So hergestellte Pflanzgefäße sollten aber noch gut einen Monat ausreifen, bevor sie bepflanzt werden. Torfbetongefäße siedeln an ihrer Oberfläche schnell Flechten, Moose und Algen an, und nach einiger Zeit sind sie nur noch schwer von Natursteingefäßen zu unterscheiden.

Pflanzen für Schalen und Tröge

Weißer Speik
  Achillea clavenae
Gänsekresse
  Arabis bryoides
Sandkraut
  Arenaria pinifolia
Grasnelke
  Armeria caespitosa
Edelraute
  Artemisia genipi
Glockenblume
  Campanula tommassinana
Distel
  Carduncellus rhaponticoides
Alpenmargerite
  Chrysanthemum alpinum
Alpennelke
  Dianthus alpinus
Hungerblümchen
  Draba bruniifolia
Berufskraut
  Erigeron compositus
Reiherschnabel
  Erodium chrysanthum
Strohblume
  Helichrysum milfordiae
Edelweiß
  Leontopodium kurilense
Lein
  Linum campanulatum
Miere
  Minuartia juniperina
Dost
  Origanum amanum
Teufelskralle
  Physoplexis comosa
Primel
  Primula auricula
Kalkkrustensteinbrech
  Saxifraga crustata
Vorfrühlingssteinbrech
  S. squarrosa
Hauswurz
  Sempervivum arachnoideum

Liebhaber gesellschaften und Vereine

Gesellschaft der Stauden-
freunde e.V.
Präsident: Herr Erhard Wörfel
Meisenweg 1
65795 Hattersheim 3
Samentauschaktion und Mit-
gliedszeitschrift.

In der Gesellschaft der Stauden-
freunde arbeitet eine Fach-
gruppe:»Steingartenpflanzen
und alpine Stauden«
Leiter: Herr Manfred Wagner
Tulpenweg 15
73630 Remshalden-Grunbach
Ausstellungen, Exkursionen und
Vorträge.

Tschechische Republik
Alpenpflanzenverein Skalnicky
Vorsitzende: Frau RNDR: Eva
Hanzlikova
Pasteuova 5
14200 Praha 4 (Krc), CR
Samentausch, Ausstellungen
und Mitgliederzeitschrift. Der
Verein ist sehr engagiert und
veranstaltet im Frühjahr und
Herbst exzellente Verkaufsaus-
stellungen in Prag.

Amerika
The American Rock Garden
Society
Vorsitz: Mr. Jacques Mommens
PO Box 67, Millwood
New York, 10546, USA
Samentausch und Mitglieder-
zeitschrift.

The Scottish Rock Garden Club
Vorsitz: Miss Kirsteen Gibb
21 Merchiston Park,
Edinburgh EH 10 4 PW
Scotland U.K.
Samentausch und Mitglieder-
zeitschrift.

Beide Vereine geben eine Mitgliederzeitschrift in englischer
Sprache heraus, die sehr infor-
mativ ist und auch Lieferanten-
hinweise seltener Stauden und
Gehölze benennt.

Bezugsquellen für alpine Stauden und Steingartenpflanzen

Österreich: F. Feldweber
A-4974 Ort im Innkreis, OÖ

Schweiz: Jac Eschmann
CH-6032 Emmen bei Luzern

Hans Frei
CH-8461 Wildensbusch

Deutschland:
Alpengarten Pforzheim
Joachim Carl
75181 Pforzheim-Würm

Staudengärtnerei Geißler
Gorschmitz, Nr. 14
04703 Leisnig

Ihr Gartenbau, M. Härtl
Eckhardsborn 2
34134 Kassel

Staudengärtnerei
Dieter Kaufmann
Roseggerstraße 20
08060 Zwickau

Staudengärtnerei Klose
Rosenstraße
34253 Lohfelden

Staudengärtnerei
Karl-Otto Ulrich
Schlierbacher Straße 60
37235 Hessich-Lichtenau
(Schwerpunkt: Winterharte Erd-
orchideen)

Staudengärtnerei
Max Schleipfer
Sedlweg 79
86356 Neusäß

Dr. Hans und Helga Simon
Staudenweg 2
97828 Marktheidenfeld

Staudengärtnerei Sündermann
Aeschacher Ufer 48
88131 Lindau/Bodensee

Staudengärtnerei
G. Wauschkuhn
34346 Hann.-Münden
Mielenhausen

Staudengärtnerei Wetzel
Oberkohlfurth
42349 Wuppertal

Lieferanten für Natursteine finden Sie im Branchenfernsprech-
buch (Gelbe Seiten).
Viele Baustoffhandlungen können ebenfalls Lieferanten und
Hersteller benennen, ebenso
Bauhöfe, Bauämter und Garten-
ämter.

Register

REGISTER